改訂版

「納得の内定」をめざす

就職活動

1冊目

の教科書

就活塾 キャリアアカデミー

オンライン
就活対応

KADOKAWA

新型コロナで就活はどう変わる？
～ With コロナの就活事情～

　2020年3月から本格化した新型コロナウイルス感染症の流行によって、就職活動（就活）も大きく変化することを余儀なくされました。

　新型コロナウイルス感染症が流行する**前／後**の就活を比較して解説していきます！

就活の状況

Before コロナ　0.3 ポイントダウン!　**With コロナ**

20年卒　求人倍率
1.83 倍

21年卒　求人倍率
1.53 倍

　求人倍率1.83倍ということは、就活生1人あたり1.83件の求人がある状況です。選ばなければどこかしらの企業には入社でき、「売り手市場」と呼ばれていました。

　求人倍率は1.53倍（2020年6月時点）で、リーマンショック時ほどの低水準（約1.2倍）にはなりませんでした。しかし、本格的に影響が出るのは22年卒以降の可能性もあります。

リクルートワークス研究所「第37回 ワークス大卒求人倍率調査（2021年卒）」より

選考の方法

Before コロナ

　説明会、エントリーシート（ES）、Webテスト、グループディスカッション、面接が主な選考内容であり、すべて対面で行われることがほとんどでした。

　動画面接（学生自身が自己PRなどの動画を撮影して企業に送るもの）、オンライン説明会などを実施した企業もありましたが、ごく一部であり、多くの企業は対面で実施していました。

With コロナ

　例年のような対面での選考に加え、右記のようなオンライン選考を導入する企業が非常に増えました。特に、面接は今後もオンラインで行う企業が多いと予想されています。本書の第8章（193〜206ページ）を確認して、しっかりと対策を行いましょう！

オンライン説明会

動画面接

オンライン面接

オンライングループディスカッション

オンライン選考については、
第8章で詳しく解説しています！

3

Before コロナの人気企業

航空、出版、総合商社、旅行などが人気

　2021年卒の学生に最も人気が高かった企業は、全日本空輸（ANA）でした。航空業界の人気は高く、3位に日本航空（JAL）が続きます。そして、2位に集英社、4位にKADOKAWAと出版業界の人気も高いです。続いて5位に丸紅、6位に伊藤忠商事と、総合商社がランクイン。7位は旅行業界からJTBグループが入りました。金融業界は、メガバンクの人員削減がニュースになっていたことが影響したのか、人気は低迷していました。

　全体的に、知名度が高い業界に人気が集まっていることが見てとれます。

順位	企業名
1	全日本空輸（ANA）
2	集英社
3	日本航空（JAL）
4	KADOKAWA
5	丸紅
6	伊藤忠商事
7	JTBグループ
8	日本生命保険
9	大和証券グループ
10	オリエンタルランド
11	三菱商事
12	明治グループ（明治・Meiji Seika ファルマ）
13	大日本印刷
14	講談社
15	博報堂／博報堂DYメディアパートナーズ
16	味の素
17	Ｓｋｙ
18	資生堂
19	バンダイ
20	東日本旅客鉄道（JR東日本）
21	任天堂
22	ジェイアール東日本企画
23	ＮＴＴデータ
24	三井物産
25	バンダイナムコエンターテインメント
26	読売新聞社
27	住友商事
28	三菱ＵＦＪ銀行
29	ニュー・オータニ
30	電通

文化放送キャリアパートナーズ　就職情報研究所「2021年入社希望者(夏インターン終了時点3年生)が選ぶ『企業注目度調査』速報」より

知名度以外にも企業を調べる視点にはさまざまなものがあります。
68〜79ページをチェック！

With コロナの人気企業

総合商社、金融業界、食品メーカーなどが人気

　2022年卒の学生に最も人気が高かったのは、伊藤忠商事でした。2位には三菱商事が続き、総合商社の人気は継続しているようです。3位に日本生命保険、4位に大和証券グループ、6位に損害保険ジャパンがランクイン。金融業界は「安定している」というイメージが強いようで、ランクを上げている企業が多数ありました。

　一方、人気があった航空業界のANAとJAL、旅行業界のJTBグループはいずれも30位以下に。全体的に知名度が高い企業に人気が

順位	企業名
1	伊藤忠商事
2	三菱商事
3	日本生命保険
4	大和証券グループ
5	博報堂／博報堂ＤＹメディアパートナーズ
6	損害保険ジャパン
7	味の素
8	明治グループ（明治・Meiji Seika ファルマ）
9	集英社
10	バンダイ
11	大日本印刷
12	第一生命保険
13	ソニーミュージックグループ
14	ジェイアール東日本企画
15	Ｓｋｙ
16	住友商事
17	講談社
18	東京海上日動火災保険
19	ＳＭＢＣ日興証券
20	資生堂
21	サントリーホールディングス
22	任天堂
23	読売新聞社
24	電通
25	三井住友信託銀行
26	三井物産
27	丸紅
28	ＫＡＤＯＫＡＷＡ
29	アサヒ飲料
30	三菱ＵＦＪ銀行

文化放送キャリアパートナーズ 就職情報研究所「2022年入社希望者(夏インターン終了時点3年生)が選ぶ『企業注目度調査』速報」より

集まっていることは変わりませんが、コロナの影響を受け、人気業界が大きく変化したことが見てとれます。

2021年卒の選考を中止した企業

　全日本空輸（ANA）、日本航空（JAL）、スカイマーク、エイチ・アイ・エス（HIS）、ユニバーサル・スタジオ・ジャパン（USJ）など。

いざスタート！ これが就活スケジュール

大学3年・修士1年

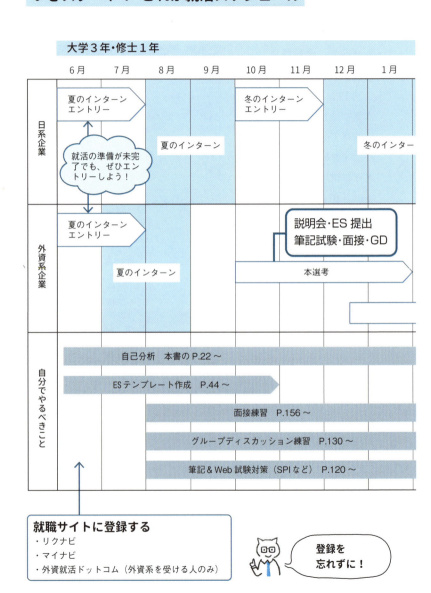

	6月	7月	8月	9月	10月	11月	12月	1月
日系企業	夏のインターンエントリー		夏のインターン		冬のインターンエントリー			冬のインター
外資系企業	夏のインターンエントリー	夏のインターン			説明会・ES提出 筆記試験・面接・GD 本選考			
自分でやるべきこと	自己分析　本書のP.22〜 ESテンプレート作成　P.44〜		面接練習　P.156〜 グループディスカッション練習　P.130〜 筆記＆Web試験対策（SPIなど）　P.120〜					

就活の準備が未完了でも、ぜひエントリーしよう！

就職サイトに登録する
・リクナビ
・マイナビ
・外資就活ドットコム（外資系を受ける人のみ）

登録を忘れずに！

6

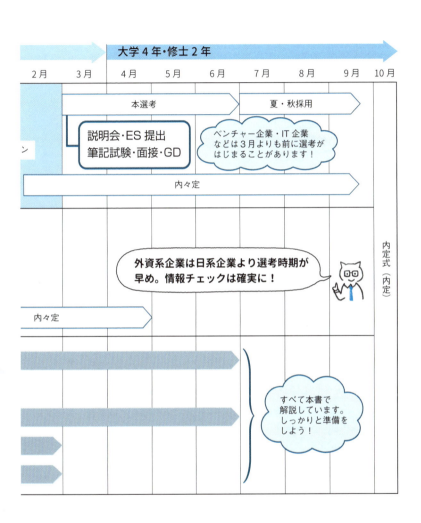

大学4年・修士2年

| 2月 | 3月 | 4月 | 5月 | 6月 | 7月 | 8月 | 9月 | 10月 |

本選考

夏・秋採用

説明会・ES提出
筆記試験・面接・GD

ベンチャー企業・IT企業
などは3月よりも前に選考が
はじまることがあります！

内々定

内定式（内定）

外資系企業は日系企業より選考時期が
早め。情報チェックは確実に！

内々定

すべて本書で
解説しています。
しっかりと準備を
しよう！

計画を制する者は就活を制する！

はじめに

就活成功のカギは
「今この瞬間から準備をはじめること！」

　就活塾 キャリアアカデミーに入塾したばかりの就活生から、
「就活は、何からはじめたらいいですか？」と、よく質問を受
けます。
　たしかに、就職活動（就活）でやるべきことは、

　・自己分析
　・インターン
　・エントリーシート
　・グループディスカッション

など、たくさんあり、就活をはじめたばかりの人にとっては、「ど
れを」「いつ」「どのくらい」やればよいのか迷ってしまいます
よね。

就活で有利だと思ったので
資格試験に申し込みました！

「就活に役立たないことにかける時間」はもったいない！

　たとえば、就活生から「就活で有利だと思ったので、秘書検定（秘書技能検定試験）の申し込みをしました！」といった話をよく聞きます。

　本人にとっては、真剣に考えたうえでの判断だと思いますが、残念なことに、この行動は、就活においては適切な判断とは言えません。「就活」という観点から考えると、私たちの目には「ほかにもっとやることがあったのに……」と映ってしまいます（本書の中でも詳しく説明しますが、ちょっとがんばれば取得できるレベルの資格を持っていても、企業から、それほど評価を得られないからです）。

　効率のよい準備の仕方を教えます！

　就活にかけられる時間は十分にあるとは言えません。せっかくやる気があっても、適切な準備の仕方を知らなければ、時間を無駄にしてしまいます。

　自分が納得できる内定を得られるかどうかは、限られた大切な時間を、**いかに適切で効率のよい準備にあてられるか**によって決まります。

「早めに就活に取り組む＝何かを諦める」ではない！

「納得の内定」を得るために、もうひとつ大切なことが、**「早めに準備をはじめること」**です。

就活に取りかかる時期は、早ければ早いほどよいです。たとえば、キャリアアカデミーには大学３年生で入塾する人が最も多いですが、１年生のときに入塾している人もいます。

そんな早い時期から就活していたら、大学時代に就活以外のことができないよ……

そんなふうに思う方もいるかもしれませんね。

しかし、それは違います。

「早めに就活に取り組む」というのは、「就活のために何かを諦める」という意味ではありません。

大学の授業、ゼミ、サークル、アルバイトなどの時間を減らして就活に取り組むのではなく、大学時代のすべての活動に対して、「社会人になったときの自分にとって役立つ」ようなマインドを持って取り組むことです。

たとえば、学生時代、アルバイトを選ぶときに、なるべく楽で時給が高い仕事を選ぼうとする学生は少なくありませんが、たとえ時給が低くても、将来、自分が就きたい仕事に関わりのある業界でアルバイトをするほうが、未来の自分のためになるでしょうし、就活へとつなげられます。

仮に、大学時代のアルバイトで100万円稼いだとしましょう。

　学生にとって100万円は大きなお金ですが、社会人になれば、会社によって1年目の年収に100万円以上の開きが出てくることは珍しくありません。生涯給にすれば、1億円近い開きがあります。もし、「就活を意識した考え方」をしていれば、目先の時給100円、200円の違いにとらわれたアルバイト選びはしなくなるはずです。

みなさんの就活をサポートします！

「納得の内定」を得るために

　私たち、就活塾 キャリアアカデミーは、これまで多くの内定者を出してきました。

　キャリアアカデミーの講師のほとんどは、採用する学生を実際に決めてきた人事や採用の経験者です。そして、さまざまな業界の出身者がいますから、業界ごとに異なる採用基準にも精通しています。

　その講師陣の指導経験を元に、「自分が納得できる内定を取りたい。でも、その準備の仕方がわからない」という人に向けて書かれたのが本書です。

　本書に書いてあることを隅から隅まで実践していけば、絶対に「納得の内定」が得られます。

この本を手にとった方の多くが、就活をはじめるにあたって、疑問や不安を感じているのではないかと思います。過去の先輩たちのさまざまな疑問や不安に応えて誕生した本書は、必ずや、みなさんの就活を力強くサポートする存在となるはずです。

　本書は2019年夏に刊行後、多くの就活生にお読みいただき、「今後、就活をするうえで指標となった」「就活に対する不安が少しやわらいだ」などといううれしい声も頂戴しました。

　ただ、みなさんもご存じのように、その後、2020年の新型コロナウイルス感染症の拡大により、就活はさまざまな影響を受けました。先の見えない状況の中で、キャリアアカデミーとしては、就活生のみなさんにできるかぎりの情報の提供と協力をしたいと考え、刊行してから日が浅い本書ではありますが、今回、大幅な増補改訂を行いました。

　特に、新たに追加した「第8章　新型コロナの影響で増えるオンライン選考の対策とコツ」は、企業の人事担当者の生の声を盛り込んだ最新の情報です。

　就活生のみなさん、今は不安でいっぱいだと思います。
　でも、大丈夫。私たちがついています。
　一緒にがんばっていきましょう！

2021年1月

就活塾 キャリアアカデミー
塾長 後藤 沙織

※本書は2019年9月に刊行した『「納得の内定」をめざす 就職活動 1 冊目の教科書』に大幅に加筆し、新編集して刊行するものです。

Contents

第1章
自己分析からはじめよう

第2章
想いが伝わる**エントリーシート**の作り方

> **内定への道**

第3章
自分にとっての優良企業を見つける**企業研究**

> **内定への道**

第**4**章
インターンシップを有効に活用しよう

第**5**章
効率重視で突破! 筆記試験&Webテスト対策

第6章
グループディスカッションは戦略的にのぞもう

第7章
内定を勝ち取る面接のルール

第 **10** 章
よくある就活のQ&A

特別企画
内定者インタビュー&採用担当者座談会

内定への道

本文デザイン・DTP ／ ISSHIKI
本文イラスト／平のゆきこ、竹内さおり
撮影／小林祐美
モデル／井上幸志郎、山口侑里

※本書は原則として、2020年12月時点の情報をもとに原稿執筆・編集を行っ
ています。最新情報はご自身でご確認ください。

第1章

自己分析から
はじめよう

就活生が最もつまずきやすいのが「自己分析」。
大事な最初のステップを手順に沿ってやってみましょう！

1 なぜ自己分析が 必要なのか？

就活において、自己分析が最重要！

　これから就職活動（就活）をスタートさせるみなさんは、こんな言葉を一度は耳にしたことがあるのではないでしょうか。

> 就活において、自己分析が一番大事！

　しかし、就活を意識しはじめたばかりの学生の多くは、
「自己分析って何をすればいいの？」
「何をしたら自己分析できたことになるの？」
などと、自己分析というものがよくわかっていません。
　就活塾 キャリアアカデミーでも、就活生を指導していく中で、まず、**「自己分析とは何か」「自己分析がなぜ大切なのか」を伝える**ようにしています。
　このことをしっかり理解しているかどうかが、その後の就活に大きく影響してくるからです。

自己分析を1人で行うのは難しい

　自己分析は「最も大事なこと」であると同時に、多くの就活生にとって「つまずきの原因」になりがちです。
　そもそも、みなさんがこれまで生きてきた中で、「自分はど

んな人なのか？」と真剣に考える機会は多くなかったかもしれませんね。誰にとっても難しい問いかけです。

実際、キャリアアカデミー創設1年目のときに、こんなことがありました。講師が受講生全員に「来週までに自己分析をやってきてください」という宿題を出したところ、きちんと仕上げてきた生徒が1人もいなかったのです。

そこで、2年目以降は、自己分析は、受講生本人だけでなく、講師とマンツーマンで行うようにしました。それくらい**自己分析は難しい取り組み**だということです。

自己分析が必要とされる「2つの理由」

なぜ、就活における最初のステップで、自己分析が必要とされるのでしょうか。それには2つの理由があります。

> 理由① 「自分の価値観・特徴」を見つけるため
> 理由② 企業選びの「軸」を知るため

自己分析が必要とされる理由❶
企業が評価する「自分の価値観・特徴」を見つけるため

エントリーシートや面接では、必ずといっていいほど「学生時代に力を入れて取り組んだことを教えてください」という質問があります。

この質問は、単に「学生時代にがんばったことは何か」を尋ねているように思えるかもしれませんが、実は、企業が本当に知りたいのは、**「経験」ではなく、経験を通して見えてくる「その人自身の人柄」**です。

だからこそ、エントリーシートに書かれている質問に対して1つずつ答えを考えるよりも先に、**「企業にアピールするべき自分の価値観や特徴」** を明らかにしておくこと（自己分析）が重要なのです。

また、就活の最初のステップで自分の価値観や特徴を明らかにしておけば、どの企業のエントリーシートであっても、書くべき内容が、おのずと見えてくるはずです。

自己分析が必要とされる理由❷
自分の企業選びの「軸」を知るため

自己分析を行う理由のもう1つは、自分が選考を受ける企業を選ぶときの基準を明確にするためです。

現在、日本には約386万社の企業があります（総務省・経済産業省「平成28年経済センサス-活動調査結果」）。これほど膨大な数の企業について、詳しく調べることは不可能ですよね。社会的な信用度が高いとされている上場企業に絞ってみたとしても、3728社（2020年11月時点、日本取引所グループ）あります。

どうやって選べばいい？

企業数386万社！　　　　応募する企業

だからこそ、企業を選別するための自分の「軸（判断基準）」が必要になります。給与体系や年間休日、社風なども踏まえたうえで、「興味のある仕事かどうか」や「自分に向いている仕事かどうか」という軸を決めましょう。

　自分の「軸」を決めれば、多くの企業の中から自分に合いそうな企業を見つけ出しやすくなります。企業数が絞られてきたら、自分が「これだ！」と思った企業の研究にも十分な時間をかけられます。

　逆に言うと、「自分が何を望んでいるのか」「自分が何に興味を持っているのか」をわかろうとしなければ、企業選びの軸を定めることはできません。

　軸を持たずに「なんとなく……」で目の前にある企業に応募すると、有名な企業や自分の適性に合わない企業ばかり選んでしまうことになります。自分の時間を浪費しないように、しっかりと自己分析を行いましょう。

就活アドバイス

☐ エントリーシートに取り組む前に自己分析をしよう！
☐ 自己分析は、自分の価値観と特徴を知り、軸を定めること

2 自己分析で「人事に評価される自分」を発見しよう

「自分のことはよくわからない」という前提を持つ

「自分のことはよく知っている」と考える人もいるかもしれませんが、自己分析を進めていくと、「自分のことはよくわからない」ということがわかってくると思います。

また、「自分が認識している自分」と「周りの人の目に映っている自分」は、必ずしも一致していません。

自己分析では、「自分が認識している自分」と「周りの人の目に映っている自分」を明らかにしたうえで、「人事に評価される自分」を明らかにしていきましょう。

自己分析で発見したい「自分」とは？

自分が認識している自分
・押しが弱い
・目上の人と話すのが得意

周りの人の目に映っている自分
・相手のことを考えて行動ができる
・後輩から信頼されている

人事に評価される自分
・気配りができる
・周囲から信頼されている
・目上の人と話すのが得意

「たいしたことをしていない……」
と嘆く必要はない

　例年、多くの就活生から、「学生時代、たいしたことをしていなかったのですが、大丈夫でしょうか」「就活で話すエピソードがありません」といった相談を受けますが、心配することはありません。学生時代に、人に誇れるような経験をしていなくても、まったく問題ありません。

　就活生が話すエピソードのうち、採用担当者から「それはすごい！」と高評価を受けるようなものは、ほんのひと握りです。

　たとえば、キャリアアカデミーの受講生の中から出てきたエピソードの中で、最近「おっ！」と思わされたのは、「陸上の全国大会で優勝しました」と「学生時代に起業をして、従業員も数名います」という実績です。

　これらは極めて例外的なもので、こうしたエピソードを聞く機会はめったにありません。

「たいしたことのない経験」をどう伝えるか？

　一般的な就活生の中から出てくるのは、ほとんどが次のようなエピソードです。

- ・部活やサークルでリーダーを務めた話
- ・接客のアルバイトで工夫し、お客様から喜ばれた話
- ・学習塾のアルバイトで、学生の成績を上げた話
- ・学園祭やゼミで後輩の面倒をみた話
- ・留学をし、語学学習に力を入れた話

　読者のみなさんの中にも「そのエピソード、自分も使おうと

思っていた！」という人が少なくないのではないでしょうか。

　たしかに、一人ひとりの話を詳しく聞いていくと、テーマが同じであっても、それぞれが経験した苦労や学びは同じではありません。たくさん悩んだり、さまざまな喜びがあったのだと思います。

　しかし、残念ながら、受け手（採用担当者）にとっては、これらのエピソードをどんなに情熱的に語られたとしても、「ありきたり」という印象はぬぐえないのが現実です。

「たいしたことのない経験」しかない人はどうすればいいの？

大丈夫。今までたいした経験をしていないことを認めよう！

「学生時代はたいした経験をしてこなかった。親が敷いてくれた教育のレールの上を歩んできた。しかし、社会人になったら、学生のときには想像もしない困難に直面すると思う。そのことに気づいてからは、わずかではあるが、日々、○○○○の取り組みを続けている……」

　たとえば、心がまえとして、こんなふうに考えてみましょう。

　過去はどうにもできません。無理やり飾り立てる必要もあり

ません。

　大切なことは、「今まで何もしてこなかったこと」を認めたうえで、「今後、どうしていくか」を考え、「今、どのように取り組んでいるか」を伝えることです。

伝えるのは「経験」ではなく、あなたの「特徴」

　それでは、採用担当者に何を伝えればよいでしょうか？

　一般的に人事が評価するのは、次の3つです。

人事の評価ポイント（評価の高い順）

> **1．特別な功績**
> 　（例：甲子園に出場し、ピッチャーを務めた）
> **2．長く続けたこと**
> 　（例：幼稚園から今までピアノを続けている。現在は音
> 　　　大のピアノ科に所属している）
> **3．特徴、価値観、人柄**

　もし、あなたが今までに「特別な功績」を残している、もしくは「長く続けたこと」があるのなら、ぜひ胸を張って人事に伝えてください。

　もし、ないのであれば（多くの人はないと思います）、人事に伝えるのは「3.特徴、価値観、人柄」です。

　自分の特徴や価値観、人柄は、「サークルのイベントを成功させた」というような一度きりの経験を振り返るだけでは見えてきません。**幼少期から今までの経験を振り返ったときに何度も繰り返されていること**が、あなたの特徴です。

キャリアアカデミーの受講生の中に「僕は粘り強いです。水泳を10年続けてきました」という学生がいました。

　しかし、よくよく話を聞いてみると、「アルバイトは3カ月でやめました」とのこと。どうやら粘り強く続いたことは水泳だけだったようです。これでは「粘り強いこと」が特徴とは言えません。

　特徴とは、ころころ変わるものではありません。あなたの人生を通して、何度も何度も表れてくることが「あなたの特徴」です。

就活よくある勘違い

☐「自分のことをわかっている」は、思い込み
☐「一度きりの成功体験＝あなたの特徴」ではない

3

自分の「特徴」を発見する３ステップ

Step1 自分の人生を
振り返り、特徴を発見する

自分の「特徴」を発見する３ステップ

前項でもお話ししましたが、人事は、就活生の「特徴、価値観、人柄」に注目しています。

人事の評価する「特徴、価値観、人柄」は、特別な経験をすることによって生まれるものではありません。すでに自分自身の中にあるものです。

自分自身を探索して、自分の中から「人事が評価する特徴」を発見しましょう。安心してください、あなたの中にも、そうした特徴が必ずあります。

自分の「特徴」は、次の３ステップで見つけていきます。

自分の「特徴」を発見する３ステップ

> **Step1** 自分の人生を振り返り、特徴を発見する
> **Step2** 周りの人に、自分の特徴を聞いてみる
> **Step3** 人事に評価される特徴を確認する
> ※「人事の視点シート」（38 ページ）を利用する

Step1 自分の人生を振り返り、特徴を発見する

最初のステップは、「自分史シート」に、生まれてから今までの自分の人生を書き出してみることです。

キャリアアカデミー式 自分史シート【記入例】

年齢	学年	経験や出来事
0〜3歳		両親が共働きだったため、主に祖母に育ててもらった期間。初孫だったこともあり、相当甘やかされて育ったと聞いている。
4〜5歳		遊び相手は祖母がほとんどで、古風な遊び（お手玉、折り紙など）が多かった。折り紙を折り出すと夢中になり、ずっと続けていることがあったそう。
6歳	小1	小学校入学。入学式も祖父母が同席 友達作りに励んでいた
7歳	小2	クラス替えがなかったため、引き続き楽しく過ごしていた。宿題などはしっかりこなすいわゆる優等生だった。 「一年間忘れ物しなかったで賞」を受賞！
8歳	小3	初めてのクラス替え
11歳	小6	中学受験をしようと決意 〜中学校時代に続く〜

【目的】出来事や感情などを書き出すことで、自分の価値観や特徴を知る。

そのときの感情・なぜその行動をとったか・今後どうしていきたいか 等
両親が共働きで入学式に来てくれなかったことを、寂しいと感じていたのを覚えている。遠慮してわがままを言わなかった。
それまで家で遊ぶことが多かったため、休み時間に友達と遊ぶのが楽しくて仕方なかった。
両親が忙しく働いていたため、迷惑をかけたくないと幼心に思い、なるべく外で遊び、家にいるときは机に向かっているようにした。宿題は祖父母が見てくれた。特に寂しくはなかった。
自分はしっかりもののお姉さんになった気分だった。夏休みの宿題などは特にがんばった。こつこつ努力することを続けていきたいと思った。
仲が良かった友達と離れてしまい寂しかった。クラスの中では既に仲良しグループができていて、全く入ることができずまた一人の時間が増えた。休み時間も外へは出ず、給食の後も時間をつぶすため図書室で読書をしていた。この時期から本を読むことが好きになっていった。
周囲は受験しない派がほとんどだったが、環境を変えてみたいと思い、自ら受験をしたいと両親、祖父母に相談。家族みんなが応援してくれて、塾にも通わせてもらうことになった。自分の意見を言うことの大切さを学んだ。希望があるときは自分の意見を言おうと思った。

自分史シートを書くときには、3つの観点を持ちましょう。
①なぜその行動をしたのか
②そのとき、どう感じたか
③今後、それを踏まえてどうしていきたいか

　単なる出来事だけではなく、**そのときの感情や考えたこと**を書き出していくことが、自分の特徴を発見するヒントになります。キャリアアカデミーでは、就活生に1、2週間かけて「自分史シート」を完成させるように指導しています。

何歳からの自分史を書けばいいですか？

　ぼんやりとでも記憶がある頃（3、4歳くらい）から書くのがベストです。時間がないとか、ちょっと大変だという人は、中学時代や高校時代から書いてみましょう。
　面接などで聞かれるのは大学時代のことが主なので、「なぜ幼少期までさかのぼるのか？」と疑問に思うかもしれません。
　幼少期までさかのぼるのは、**人間の本質的な性格が、幼少期の経験に大きな影響を受けているから**です。「小さい頃、引越しが多かったので、周りの顔色をうかがうようになった」「親が、着る服も進学する学校も何もかも決めてきたので、自分で決めることが苦手」。このように、行動の根源を探っていくと、小さい頃の経験に基づいていることが非常に多いです。よって、幼少期までさかのぼれば、より深く自分の性格を知ることができます。

4

Step2 周りの人に、自分の特徴を聞いてみる

　自分史シートを書き終わったら、次は、周りの人に「自分にはどんな特徴があるか」を聞いてみましょう。

　大切なことは、**自身のマイナス面も含めて遠慮せずに伝えてもらうこと**です。聞かれた側は、あなたのマイナス面を伝えることに躊躇するかもしれません。「マイナスなことも言ってもらえると役立つので、お願いします」と伝えて、厳しい内容も含めて教えてもらうようにしてください。

　聞く相手は、人事採用経験者がベストです。まずは、親戚の中から探してみましょう。

　就活をはじめるまでは、親戚が勤めている企業名は知っていたとしても、どんな部署にいて、どんな仕事に就いているかまでは気にしていなかったのではないでしょうか。

　しかし、詳しく聞いてみると、「以前、採用業務をやっていた」とか「アルバイト先で店長と一緒に面接をしていた」などと、何かしらの採用に関わった人が、意外と見つかるものです。

　それでも採用関連の経験者が周りにいないという場合は、企業で働いている社会人に聞いてみましょう。お兄さんやお姉さんでもいいです。すでに社会に出て働いている人から見て、あなたがどういうふうに見えているかを正直に教えてもらいまし

ょう。

それでも見つからない場合は、大学の先輩や友人に聞いてみましょう。

近しい存在ですが、おすすめできないのは親御さんです。親は距離が近すぎて、客観的なアドバイスが難しいことが多いからです。

まとめると、自分の特徴を尋ねる対象として優先度が高い順番は次の通りです。

①人事採用経験者
②社会人（企業で働いている人）
③大学の先輩
④友人

自分のことを尋ねるのには勇気が必要かもしれませんが、ぜひ取り組んでみてください。

就活アドバイス

□ 親戚内で人事採用経験者を探してみよう
□ 自分のマイナス面も教えてもらおう

5 **Step3** 人事に評価される特徴を確認する

Step3 人事に評価される特徴を確認する

　まず、Step1とStep2で出てきた自分の「特徴」「価値観」「人柄」を整理して、箇条書きにします。

〈Step１　自分史シートからわかったこと〉

　・友だちをすぐ作れる、人見知りしない

　・真面目で努力できる

　・両親や先生の言うことをよく聞く

〈Step２　周りの人が教えてくれたこと〉

　・礼儀正しい

　・素直

　・真面目で努力できる

　次に、箇条書きになった「特徴」「価値観」「人柄」を、次ページの「人事の視点シート」と照らし合わせて、自分のどの特徴を就活でアピールするか決めていきます。

　この「人事の視点シート」は、さまざまな業界の人事が就活生を評価する際に重要視するポイントをまとめたものです。それぞれのポイントで、自分は１〜10点のどこにあてはまるか考えてみてください。そして、点数の高い特徴を３、４つ選んでください。最終的には、Step1、Step2で発見した自分の強みと照らし合わせて、自分が人事に伝えるべき特徴を３〜５種類くらい決めます。

人事の視点シート ※ 1 〜 10 点のいずれかに○をつけましょう

①礼儀正しいか

10 の目安 体育会系に所属をしたことがあり、礼儀には自信がある
5 の目安 挨拶はきちんとする
1 の目安 なぜ礼儀正しくする必要があるのかよくわからない

10　9　8　7　6　5　4　3　2　1

②合理的に考えられるか

10 の目安 作業に取り組むときは、いつでも効率のことを考えている
5 の目安 衝動的な買い物はせず、コスパを考えて購入している
1 の目安 衝動買いをする、福袋をよく買う

10　9　8　7　6　5　4　3　2　1

③自分で考える力があるか

10 の目安 起業したことがある、もしくは 3 年以内に起業する予定がある
5 の目安 Word、Excel、PowerPoint の使い方は、自分で調べて解決でき、友人
にもよく頼られる
1 の目安 指示されないと、何をしていいかわからない

10　9　8　7　6　5　4　3　2　1

④明るいか

10 の目安 暗い人の気持ちがよくわからない
5 の目安 ときどき落ち込む
1 の目安 暗いと周りからよく言われる

10　9　8　7　6　5　4　3　2　1

⑤素直か

10 の目安 言われたことに言い訳や反論をせずに、とりあえず、すぐ従う
5 の目安 納得したら行動する
1 の目安 あまり他人から指示されたくない

10　9　8　7　6　5　4　3　2　1

⑥他責ではなく自責か

10 の目安 すべては自分の責任である
5 の目安 自分の責任は自分の責任、他人の責任は他人の責任である
1 の目安 社会や他人が悪い、自分は被害者だとよく思う

10　9　8　7　6　5　4　3　2　1

企業や業界によって評価されるポイントは異なります。
多くの企業で評価されやすいポイントをまとめました。

⑦スピード感はあるか

10の目安　非常にせっかちで、すべて前倒しで取り組む
5の目安　期限はおおむね守る
1の目安　提出物や振込の期限を過ぎることがよくある

10　9　8　7　6　5　4　3　2　1

⑧やり抜く意志はあるか

10の目安　1日1日を思い残すことなく、やりきっている
5の目安　やると決めた目標は必ずやる
1の目安　今日やると決めたことを先延ばしすることがしばしばある

10　9　8　7　6　5　4　3　2　1

⑨努力ができるか

10の目安　「勉強なら東大」「運動なら日体大」「音楽なら芸大」など、自分が究めた
　　　　　いと思った道で、一番の道を歩んでいる
5の目安　努力家だと思う
1の目安　努力の仕方がわからない

10　9　8　7　6　5　4　3　2　1

⑩忠誠心（ロイヤルティ）があるか

10の目安　自分を犠牲にしてでも、チームの役に立ちたいと思う
5の目安　チームや仲間を大事だと思っている
1の目安　チームより自分が大事

10　9　8　7　6　5　4　3　2　1

⑪信頼できるか

10の目安　長期的な信頼関係を大切にして、他者と接している
5の目安　約束は守る
1の目安　よく嘘をつく

10　9　8　7　6　5　4　3　2　1

⑫チャレンジ精神があるか

10の目安　失敗するか成功するかわからないことでも、やりたいことはすべてやっ
　　　　　てきた
5の目安　進学する高校や大学は、自分で決めてきた
1の目安　服や習い事など、両親に決めてもらってきた

10　9　8　7　6　5　4　3　2　1

3ステップの具体例 ～就活生Aさんの場合

Step 1 　自分史シートからわかったこと

・友達をすぐ作れる、人見知りしない
・真面目で努力できる
・両親や先生の言うことをよく聞く

Step 2 　周りの人が教えてくれたこと

・礼儀正しい
・素直
・真面目で努力できる

Step 3 　人事の視点シートから見えてきたこと

・明るい（8点）
・素直（8点）
・やり抜く意志がある（7点）
・努力ができる（7点）

それぞれの結果を照らし合わせながら、
どれがよいか考える！

人事にアピールするAさんの特徴は、この3つに決定！
・素直
・真面目で努力できる
・やり抜く意志がある

人事が評価しない「特徴」とは？

「人事の視点シート」には、就活生が自分の特徴（強み）としてよく挙げている「リーダーシップがある」「協調性」「コミュニケーション能力がある」がありません。人事が、これらを以下の理由で評価していないからです。

✗「リーダーシップがある」
→社会人1年目に求めるのは、マネージャーとしての能力よりもプレーヤーとしての能力であるため

✗「協調性がある」
→最近の大学生の多くは、協調性を大切にしています。もし協調性をアピールするのであれば、ほかの学生とは異なるあなたなりの協調性を考えてみてください

✗「コミュニケーション能力がある」
→コミュニケーション能力が本当にある人は、この言葉を使わなくても、受け答えの中で自然に伝わってくるため

自己分析は、就活生の「永遠の課題」

自己分析に「完璧」はありません。多くの経験と内省によって、人は自分を少しずつ知りながら人生を歩んでいきます。20年程度しか生きていない就活生の自己分析が完成しないのは自然なことです。自己分析は大切ですが、泥沼にはまり、やるべきことがおろそかにならないようにしてください。

大切なことは、「自己分析が十分でないこと」を自覚しつつも、就活を進めていくことです。さまざまな人との出会いの中にも、自分を知るきっかけがあります。自己分析がまだまだだと思っていても、インターン選考やセミナーなどに積極的に参加して、少しずつ理解を深めていきましょう。

エピソードを話すな！
感じたことを話そう

　ほとんどの就活生は、画一的な教育を受け、似たような経験をしています。同じような人生を生きてきた人が、同じようなエピソードを語るのは、自然なことです。

　就活で差をつけるためには、「エピソードの内容」より「経験を通して感じたこと、学んだこと」を話しましょう。

　同じ経験をしていても、人によって「感じること」は異なります。それがあなたの特徴となり、企業にも伝わります。

「自分の感じたこと」は、誰とも異なる「自分の個性」です！

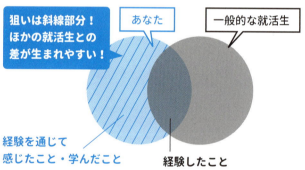

狙いは斜線部分！ほかの就活生との差が生まれやすい！

あなた　　一般的な就活生

経験を通じて感じたこと・学んだこと
例）
・チームをまとめる難しさに悩んだので、リーダーシップについての本を読んでいる
・資格取得でコツコツ勉強する楽しさを知ったので、つねに学習する習慣を続けている

経験したこと
例）
・アルバイトでお客様の視点を持って働いた
・サークル幹部としてイベントをまとめた
・海外留学で語学習得に励んだ
・ゼミ長としてチームをまとめた
・サークルの勧誘活動に努力した
・資格の取得に苦労した

第2章

想いが伝わる
エントリーシート
の作り方

内定を勝ち取った先輩たちは、エントリーシートを完成させてから企業研究に取りかかっています。採用担当者の心をつかむエントリーシートを書くノウハウを教えます！

1 企業研究の前に エントリーシートを 完成させよう

企業研究より前に、「自分」に目を向けよう

就活生は、「自分」よりも「企業」に目が向きがちです。

企業のステータスや業績、成長性を見比べたり、自分が将来就きたい仕事や目標に近づきやすい企業はどこか……など。こうしたことを調べたり考えたりすることはもちろん大切です。

しかし、ある企業の素晴らしさがわかり、その企業に「入社したい」と思っても、その企業の人事から評価される自分でなければ、その企業に就職することはできません。

就活生が最初にすべきことは、企業に目を向けてもらえる自分になることです。**最初に目を向けるべきは、自分自身**です。

「アイドル評論家」になれても、 「恋人」になれない

あなたに好きなアイドルグループがいるとしましょう。メンバーの個性はさまざまで、メンバー間の人気にも差があるとします。

あなたは「○○ちゃんは歌が上手いけどトークがいまいち」「□□ちゃんはダンスが抜群だけど、握手会では愛想がない」などと、メンバーの特徴を分析し、誰を自分の「推しメン」にしようかと考えます。

しかし、いくらあなたがその子について詳しくなったからといって、その子があなたのことを好きになり、つきあってくれ

るわけではありません。

　相手のことをどんなに知っていても、相手から自分が評価されなければ、片思いのままです。

　これは、企業に対しても同じことが言えます。
　評論家目線になるのではなく、まずは自分の魅力に気づき、**自分の魅力を「言語化する」**ことが最初のステップになります。

自分の特徴を整理しよう

　エントリーシート（以下、ES）に書くべきことは、第1章の「自分の『特徴』を発見する3ステップ」を通して発見した、3〜5種類の自身の特徴です（31〜41ページ参照）。具体的には、「論理的である」「粘り強い」「自分のことより相手のことを優先させる」といった、いくつかの異なる自分の側面のことです。

　3〜5種類の特徴を切り口にして、ESの「テンプレート」を作る作業を行います（テンプレートについては第2章の後半で詳しく説明します）。

MECEを活用して説明力アップ！

　就活生の中には3〜5種類の自分の特徴が似通ってしまったという人もいるでしょう。たとえば、「情熱的」と「行動力がある」という2つの特徴は、言葉は違っていますが、似た印象です。

　こうした似たような特徴ばかりをESに書いてしまわないように活用をおすすめするのが、ビジネスでもよく使われている「ロジカルシンキング（論理的思考）」の概念である

MECE（Mutually Exclusive and Collectively Exhaustive）
です。

　MECEとは簡単に言うと、「漏れなく、ダブりなく」という
意味です。あなた自身を「漏れなく、ダブりなく」3〜5種類
の特徴で表現してみましょう。MECEを意識するだけで、自分
に関する説明力がぐっと増します。

　たとえば、先ほどの「情熱的」と「行動力がある」という2
つの要素も、MECEを意識して考えてみると、次の図のよう
に説明できます。人物像がより鮮明に浮かび上がってきません
か？

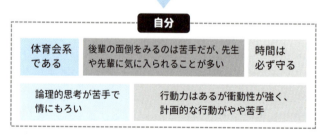

3～5種類の特徴を考えたら、必ず周りの人に確認してもらいましょう。1章での自己分析のときに「周りの人に、自分の特徴を聞いてみる」というステップがありましたが、そのときと同様に、確認してもらう人の優先度は次の順番です。

　　①人事採用経験者
　　②社会人（企業で働いている人）
　　③大学の先輩
　　④友人

　このひと手間を面倒だと思わずに、できるだけ周りの誰かに確認してもらってください。

「経験」にハマるな、「体験」を書こう！

　自分の特徴が整理されたら、次は、「経験」と「体験」の違いを意識しながら、文章を書いてみましょう。

| 経験 | → | 客観的な事実 | 例 バイトでリーダーをした |
| 体験 | → | 経験をどう感じたか | 例 人をまとめるのが面白い |

　「経験」は変えようのない事実（出来事）ですが、「体験」はその事実によって、自分がどう感じたかということです。
　ですから、同じ「経験」をしていても、人によって、そこから得る「体験」は異なります。
　たとえば、「思いやりがある」が特徴のA君と「合理的」が特徴のB君では、同じ経験をしていても、出来事の見え方や考えたことが、次のように異なります。

A君の場合（特徴：思いやりがある）

〔経験〕

　大学の登山部で、真夏の登山の際、往路、友達が水筒の水をすべて飲み干してしまった。自分の水筒の水も残り少なかったが、友達がとてもつらそうだったので、水を分けてあげて感謝された。

〔体験〕

　友達の感謝の言葉が、想像以上にうれしかった。自分のことよりも、困っている相手がいたら手を差し伸べ、相手が喜んでくれることをうれしく感じた。

B君の場合（特徴：合理的）

〔経験〕

　大学の登山部で、真夏の登山の際、往路、友達が水筒の水をすべて飲み干してしまった。自分の水筒の水も残り少なかったが、友達がとてもつらそうだったので、水を分けてあげて感謝された。　←経験は、A君とまったく同じ！

〔体験〕

　準備が万端でないと、問題につながる。自分ができるだけ準備し、計画的に行動したとしても、周りの人が十分に計画的とは言えない。

　自分よりもさらに計画的に行動できる人と行動をともにし、学ばなくてはと思った。　←体験は、A君とまったく異なる！

　このように、まったく同じ経験をしていても、人によって体験が違ってくるものです。

　就活生は「どんなエピソード（経験）を話そうか？」と悩み

ますが、人事はエピソード自体には、さほど興味がありません。

　興味があるのは、その人の特徴と、その経験をした際の体験です。したがって、**経験だけではなく、体験にも文字数を使うべき**です。どんな設問に対しても、まず1行目で設問にダイレクトに答え、次に、経験を簡潔に記述し、さらに体験を語ることによって個性を伝えてください。

就活生の多くは、体験をまったく書いていないか、全体の1割程度しか書いていません。経験ではなく体験（あなた自身）について、しっかり書きましょう。

2 ESに たいした経験は 必要ない！

学生も社会人もほとんどは「普通の人」

　ESを作成するときに、多くの学生が陥るのが、**「ESはキラキラさせねば症候群」**です。

　ESには、「学生時代にがんばったことを教えてください」という設問があります。

> 特にがんばったことなんてないよ……。
> サークルはゆるい雰囲気だったし、アルバイトの居酒屋ではラクすることばっかり考えてた。
> 書けることなんてない……。どうしよう？

　こんなふうに頭を抱える就活生は、毎年たくさんいます。中には、経験してもいないエピソードを書いて、いわゆる「盛った」ESを提出する学生もいますが、もちろんおすすめできません。

　なぜなら、**ESは盛る必要がない**からです。

　普通の学生には「キラキラした経験」なんてありませんし、人事もほとんどの学生が「普通」であることを知っています。特別な学生は、ほんのわずかしかいないから「特別」なのです。「本当に普通で大丈夫なのだろうか？」と不安に感じるかもしれませんが、まったく問題ありません。

　どんな学生も、自分を適切に表現できれば、内定を獲得でき

ます。実際に、キャリアアカデミーの受講生は、話を「盛る」ようなことはせずに等身大の自分を誠実に伝えることで人気企業の内定を得ています。

内定を得られる人の特徴とは？

　普通の学生が人気企業の内定を得るには、伸びしろを感じさせる人材である必要があります。

「駅伝大会でチームを優勝に導いた」「起業してスマートフォンのアプリを開発し、何十万件ダウンロードされた」といった輝かしい実績を持つ人は別ですが、新入社員の1年目は、ほぼアルバイト並みの働きしかできません。新入社員が生み出す利益よりも、育てるコストのほうが大きく、むしろベテランアルバイトのほうが企業に貢献しています。しかし、それは企業にとって想定内のこと。学生時代に多少のリーダー経験があったところで、仕事の現場では通用しません。

　たとえば、「仕事」を「楽器」に置き換えて考えてみましょう。今日、ピアノをはじめたあなたよりも、3年間続けている先輩のほうが、ずっと上手に弾けるはずです。

　仕事も同じで、あなたに才能があったとしても、働きはじめたばかりのあなたは上手く仕事をこなせません。それでも必死に3年くらい働いていれば、ある程度、身についてくるはずです。何事も、最初はまったくできなくても、一生懸命に努力すれば、なんとかなっていくものです。

　企業も、新入社員が即戦力にならないことはわかっています。新入社員に求めているのは、即戦力ではなく、**相手の話を素直に聞く態度**、**明るくはきはきした挨拶**、**ルーティン作業もなる**

べく早く正確にやろうとする姿勢です。

　謙虚で真摯な姿勢を感じさせる新人であれば、自然に複数の企業から内定をもらえます。気をつけてほしいのは、伸びしろを感じさせることを「言う」ことが大切なのではなく、**伸びしろを感じさせる「人」であること**です。

　取りつくろうのではなく、心の底から、**企業と社会と仕事に対して真摯であること**です。

企業が新入社員に求めること

✕ **即戦力** ・入社してすぐに営業でトップの成績をとる

謙虚で真摯な姿勢 ・相手の話を素直に聞く態度
・明るくはきはきした挨拶
・ルーティン作業も、なるべく早く正確にやろうとする姿勢

企業に好印象を与える人材とは？

伸びしろを感じさせる人！

今後、成長してくれそう！

企業が知りたいのは「今」のあなた

　採用担当者は、「御社でがんばります！」という言葉だけではなく、そのために「今、何をしているか」を知りたいと思っています。

　もし、あなたが苦手と感じていること、弱点があるなら、いかにそれを克服しようとしているかを伝えます。たとえば、「今まで経済を学んでこなかった反省を踏まえ、毎日、日経電子版を読み、興味を持った記事と簡単な感想をEvernoteにメモしています」といった「自分なりの努力」を伝えるのです。

　個性を肯定的に述べるとともに、足りない部分も認め、社会人になってからの課題としてしっかりやっていこうという意欲を伝えることが大切です。

　あるいは、家族と仲がよく、ほぼ毎日夕食を一緒にとり、会話を弾ませているような家庭環境の人であれば、「人間関係の心地よさ、大切さを家族を通して体感しているので、社会に出てからも、そうした体験をもとに職場の人やお客様とうまく接していきたい」と伝えることができます。

　あたりまえの日常と思えることでも、伝え方によっては、企業への立派なアピールポイントになります。

就活アドバイス

☐ ESをキラキラ盛らずに、謙虚で真摯な姿勢を示そう
☐ 自分の足りない部分を補うために努力していることを
　伝えよう

3 学チカ＆自己PRの テンプレートを 作成しよう

テンプレートを活用しつつ個性を表現する

　就活生の多くは、企業からESの提出を求められて初めて、作成に取りかかります。

　しかし、ほかの就活生と同じタイミングでESを作りはじめても差はつけられません。

　大学3年生になったらすぐにESを書きはじめ、**3年生の5月までに書き終える**のが理想です。

　まずは、想定される質問に回答する文章を作ります。

「学生時代に力を入れたこと」（いわゆる「学チカ」）と「自己PR」のテンプレートを400文字で作成することからはじめましょう。400文字が完成したら、続いて300文字と200文字のパターンも作成します。

「学チカ」と「自己PR」を書き終えたら、次の項目についても書いてみましょう。

　・学生時代の一番の困難と、それをどのように乗り越えたか
　・強みと弱み
　・志望動機

　通常、大学3年生の6月頃にインターンの募集があり、ESの提出を求められます。作成したテンプレートをコピーアンドペーストして企業に送りましょう。

学チカ＆自己PRのテンプレート（Nさんの例）

Nさんが企業に伝えたいこと

①新しい環境に適応することが苦でない。全国転勤も問題ない

②コツコツ努力できる

③指示に対して素直に従う（が、意見を伝えるのは苦手）

④情緒が安定していて、感情的になりにくい

Nさんは、特に②と③を企業に伝えたいと考え、自己PRで②を、学チカで③について書くことにしました。

自己PR（400文字バージョン）

　努力することを大切にしています。幼稚園のとき、何をやっても友人の2倍の時間がかかっていました。自分には能力がないことを幼い頃から自覚しており、「人一倍努力することでしか生き残る道はない」と考えてきました。努力をするときに大切なことは、1日に行う量を決めて、その後は淡々と取り組むことです。文章で書くと簡単ですが、「淡々と」というのはなかなか難しいことです。サボりたくなることは、今まで何度もありました。そんなときは、「今、がんばることが未来の自分を助ける」と思い、ひたすら取り組んできました。飛び抜けた能力も才能もありませんが、努力することはできると思います。学生のときは比較的時間がありましたが、社会人はとにかく忙しいと聞きます。社会人になったら、こつこつ努力することはもちろん、スピードも意識して、日々の業務に取り組み、一日でも早く貴社に貢献できるような人材になりたいと思っています。（394文字）

自己PR（300文字バージョン）

　努力することを大切にしています。努力をするときに重要なことは、1日に行う量を決めて、その後は淡々と取り組むことです。文章で書くと簡単ですが、「淡々と」というのは難しいことです。サボりたくなることは、今まで何度もありました。そんなときは、「今、がんばることが未来の自分を助ける」と思い、ひたすら取り組んできました。飛び抜けた能力はありませんが、努力することはできると思います。学生のときは比較的時間がありましたが、社会人は忙しいと聞きます。社会人になったら、努力することはもちろん、スピードも意識して、日々の業務に取り組み、一日でも早く貴社に貢献できるような人材になりたいと思っています。（293文字）

自己PR（200文字バージョン）

　努力することを大切にしています。努力するときに重要なことは、1日に行う量を決めて、その後は淡々と取り組むことです。「淡々と」というのは難しいことであり、今まで何度もサボりたくなることがありました。そんなときは「今、がんばることが未来の自分を助ける」と考え、取り組んできました。社会人になったら、努力はもちろん、スピードも意識して、業務に取り組み、一日でも早く貴社に貢献できるような人材になりたいです。（200文字）

　ESの具体的な記入例を紹介すると、「記入例と同じ内容を書けば、内定は取れますか？」と学生から質問されます。

　残念ながら、同じ内容を書いたとしても、面接で自信を持っ

て語れなければ意味がありません。採用担当者は、あなたが「嘘なく盛ることなく、自分を表現しているかどうか」に敏感です。

安易に真似しようと考えるのではなく、自己分析を通して、**「自分が企業に伝えたいことは何か」** を見つけていくことが、結局は、内定獲得の近道となります。

次は、Nさんの学チカです。

学生時代に力を入れたこと（400文字バージョン）

大学1年生のときから3年間続けている百貨店での洋菓子店のアルバイトです。アルバイトを始めて4カ月たった頃、「混み合う時間帯に効率的にお客様に購入していただけることが大切」と考え、店長にレジの配置換えについて提案しました。店長からは「大切なのは効率だけじゃない。目先の利益よりも長期的にお客様にファンになってもらうことが大事」と教えてもらい、店長と話し合った結果、レジの配置換えは行いませんでした。私は、もともと自分の考えを伝えることが苦手でしたが、勇気を持って伝えてよかったです。考えを言わないことは楽ですが、伝えることで何かしらの学びがあると思います。最近は、臆せずに考えを伝えられるようになってきましたが、伝えるタイミングや伝え方も大切であると感じています。社会人になったら、より適切に意見を発信できるよう、日々の業務を通じて試行錯誤していきたいです。(378文字)

学生時代に力を入れたこと（300文字バージョン）

大学1年生から3年間続けている百貨店での洋菓子店のアルバイトです。始めて4カ月たった頃、「効率的にお客様に購入していただけることが大切」と考え、店長にレジの配置換えを提案し

ました。店長からは「目先の利益よりも長期的にお客様にファンになってもらうことが大事」と教えてもらいました。話し合った結果、配置換えはしませんでしたが、勇気を持って自分の考えを伝えてよかったです。考えを言わないことは楽ですが、伝えることで何かしらの学びがあると思います。最近は、考えを伝えるタイミングや伝え方も大切であると感じています。社会人になったら、より適切に意見を発信できるよう、日々の業務を通じて試行錯誤していきたいです。(300文字)

学生時代に力を入れたこと（200文字バージョン）

百貨店での洋菓子店のアルバイトです。効率的に購入して頂けることが大切と考え、店長にレジの配置換えを提案したところ、店長から「目先の利益よりも長期的なファン作りが大事」と教えてもらいました。勇気を持って考えを伝えてよかったです。考えを言わないのは楽ですが、伝えることで学びがあります。最近は、考えを伝える方法も大切だと感じており、今後もより適切に意見を発信するよう試行錯誤していきたいです。(194文字)

Nさんは当初、「レジの配置換えによって店の売上が5％増加した」というエピソードを書いていましたが、話を聞いていくうちに、本当は配置換えが行われておらず、「盛って」エピソードを書いていたことを教えてくれました。

Nさんは「何かしら成果となるような数字があったほうがよいと思った」とのことです。

成果となるような数字はあるに越したことはありませんが、なくても問題ありません。数値的成果よりも重要なことは、**あなた自身の個性が表現される「体験」**です。

4 キャリアアカデミー式 ESのルール

文章力の基本を身につけよう

　私たちキャリアアカデミーの講師陣は、これまで膨大な枚数の受講生のESを添削してきました。

　受講生が書いたESを読んでいると、「主語と述語が合っていない」「接続詞が適切に使えていない」など、正しい日本語を使えていないものが、多数、見受けられます。

　以下に、就活生が文章を書くときに気をつけるべきポイントをまとめました。しっかり読み込んで、ほかの就活生と差のつくESを完成させましょう。

質問に対する回答を、最初に短く書く

　1行目に収まる程度が目安です。長くても2行目の半分くらいまでと考えておきましょう。

　　質問「自己PRをしてください。」

✗　回答「私は小学3年生から大学生まで、剣道を11年間続けています。」

○　回答「目標を達成する粘り強さです。」

指示語は使わない

「その」「そのとき」「そうした中」などの指示語は、読み手に混乱を起こします。

ですます調で書く、である調は避ける

である調は、横柄な印象を与えます。ですます調のほうが、好印象です。

「私は」を省略する

ESの主語は、基本的に「私」であり、主語は省略できることがほとんどです。無駄な文字数を減らすよう心がけましょう。

1文が長くならないようにする

長くても、2行以内におさめます。

「〜が」は、逆説のときだけ使う

✘ 大学1年生からアルバイトをはじめましたが、今も続けています。

◯ 大学1年生からアルバイトをはじめ、今も続けています。

「〜が」を使用するのは、逆説のときだけです。

質問を回答文中に含まない

✘ 学生時代に最もがんばったことは、ゼミでの〜です。

◯ ゼミでの〜です。

「学生時代に最もがんばったことは何ですか」という問いの文を繰り返さないように。無駄な文字は減らしましょう。

前半で経験、後半は体験を書く

前半で経験（＝事実）、後半は体験（＝解釈、総括、感想、反省、改善点、思ったこと、感じたこと、将来どのように生かしたいか）を書きます。分量は、後半の体験が3割以上になるの

が理想です。

自慢、誇張は避ける

✖ 「2倍もの新入部員数」「～と言われるまでに」

● 「新入部員が2割増えました」「～と言われました」

　就活生は、エピソードを誇張して書く傾向があります。しかし、人事から見ると、偉そうな印象を受けます。誇張表現は使わず、事実を淡々と書くほうが好印象です。

「成功させた」、「成し遂げた」は好ましくない

✖ 文化祭を成功させました。

● 文化祭の来場者数は約 16,500 人と、前年比で1割増加しました。入念に準備したつもりでしたが、至らなかった部分として～があります。改善案は～です。翌年には 18,000 人を達成するために～を行うように、後輩たちに伝えました。

「成功」の定義をあいまいに表現していると、自画自賛しているだけのように受け取られます。経験は事実のみを記述し、続けて体験（反省点や、さらに向上させるための意欲など）を伝えるようにしましょう。

接続語は「しかし」以外を使わない。特に「そして」は使わない (指定文字数が 400 文字を超える場合はあてはまりません)

「しかし」をひとつの回答の中で2回使わないようにしましょう。「そして」は、省略できることがほとんどです。

✖ アルバイトをしました。そして、リーダーになりました。

● アルバイトでリーダーになりました。

経験は「いつからいつまで何年」と書く

✖ 　8年間続けたピアノ

⭕ 　小学5年生から高校3年まで8年間続けたピアノ

「いつからいつまで何年」を具体的に書きます。

「という」はなるべく使わない

✖ 　信頼関係というものを大切にしました。

⭕ 　信頼関係を大切にしました。

無駄な文字を減らすようにしましょう。

ひらがなと漢字は、適切に使い分ける

✖ 　出来る、為、繋がる

⭕ 　できる、ため、つながる

実績はグレード感がわかるように書く

✖ 　ダンスの全国大会で優勝しました。

⭕ 　全国40の大学から約60チームが参加したダンスの大会で優勝しました。

✖ 　地区大会で準優勝しました。

⭕ 　東京都の全高校が出場する都大会で準優勝しました。

大会の規模などをわかるように書きます。

「生かす」に注意

✖ 　持ち前のコミュニケーション能力を生かして、後輩に話しかけました。

⭕ 　自分の思っていることが正しく伝わるように、言葉を選びながら後輩に話しかけました。

「生かす」は「能力があること」が前提となります。自分はまだ成長過程にあるという意識を持って記述しましょう。

「自主的」「積極的」「主体的」などの言葉を避ける

本来行うべきこと、あるいは、多くの人がやっていることであれば、これらの言葉を使うのは避けましょう。そのほか、「できました」「力があります」「身につけました」も避けます（66ページのコラム参照）。

✕　積極的にお客様に声をかけました。

お客様に声をかけるのは、接客業であれば当然の役割です。

〇　出勤の際は、定刻の1時間前に自主的に職場に到着し〜

通常のアルバイターは5〜10分前程度に到着することが一般的であり、1時間前に到着するのは評価に値します。

指定された文字数の9割以上を書く

ただし、指定文字数が少ない場合（20文字以内など）は、8割以上書けば、問題ありません。

声に出して読み、校正する

書いたものを必ず声に出して読むようにしましょう。誤字や、文章のつながりがおかしいところを発見しやすくなります。

就活アドバイス

□ 読む人の立場になって、わかりやすく書く
□ 少ない文字数で最大限のことを伝えよう

5 内定が出た人の ESビフォーアフター

少しの修正で、レベルの高いESが完成する！

　みなさんは内定をとった先輩のESを読んだことはありますか。最近は、先輩のESを閲覧できるWebサービスが多くあり、参考にしている人も多いのではないでしょうか。

　しかし、就活のプロである私たちから見ると、Webサイト上で公開されているESのほとんどは、それほど完成度が高くないように感じられます。

　理由は、文章表現がわかりにくく、似たり寄ったりで、その人の個性が感じられないものが多いからです。

　逆に言うと、レベルの高いESを書くには、そこを改善すればよいとも言えます。

> ポイント１　ビジネス水準の文章を書く
> ポイント２　個性がイメージできるように書く

　次ページの文章は、実際に総合商社の内定が出た人のESです。私たち講師の指導を受け、修正を入れたことによって、格段に読みやすくなっていることがわかると思います。本人の個性もよく伝わってきますね。

Q. 自己PRをお願いします。

before 私は、目標を達成するために最後まで決して諦めない粘り強さを持っています。高校生のときにバドミントンに打ち込んでいましたが、高校2年次の夏に肩を壊してしまい、競技を続けることが出来なくなってしまいましたが、絶対に最後までやり遂げたいと思ったので、左手で競技を続けることにしました。毎日素振りをしたり、残って練習したりした結果、引退試合に出場することが出来ました。社会に出たら、最後まで決して諦めないという強みを生かして業務に取り組んでいきたいと考えます。

! 修正ポイント

「根性がある」という個性を伝えたいのはわかるが、「経験」に文字数が費やされ、ほかの就活生と大差ない印象。「経験」を短くして、「体験」を加筆しましょう。「出来る→できる」などの漢字も要修正！

after 目標を達成するためにどんな労力も惜しみません。バドミントン部で、肩の故障によって競技を諦めざるを得なかった際に、利き手を左手に変えて一から練習し、引退試合に出場することができました。困難なときも、できるかできないかを悩むのではなく、「どうすればできるのか」だけを考えます。今の私にあるのは目標達成に向けて言い訳をせずに突き進んでいく根性です。社会人になったら、上司や先輩からのアドバイスを愚直に吸収して業務に取り組み、1日でも早く貴社の利益創出に貢献できる人材になりたいです。

NGワード
「できます」「力があります」「身につけました」

「あなたの強みを教えてください」と言われたときに、学生が言ってしまいがちなのが、「相手の気持ちを察することができます」という回答です。

　言う側はあまり深く考えずに口に出しているのでしょうが、「～できる」と言い切ってしまうのは少々乱暴です。

　たとえば、食品会社の社員は、消費者の気持ちをあらゆる手段を使って知ろうとしています。仮に「相手の気持ちを察することができる」あなたが食品会社に入社したら、先輩社員を差し置いて、消費者の気持ちを察したより良い商品を開発できるでしょうか。

「私は相手の気持ちを察することができます」という回答は、逆に、相手の気持ちに立つことの難しさを理解していないように感じられます。

　就活では、「～できます」と言い切るよりも、未熟であることを前提に、「ビジネスでも通じるような能力を身につけられるように努力します」という意欲を伝えることが大切です。そうすれば、この学生は謙虚で、成長してくれそうだという企業の好評価にもつながります。

　エントリーシートでは、「できます」「力があります」「身につけました」という表現は避けましょう。どんなスキルも、「いかにスキルを伸ばしていくか」に焦点を当ててアピールすることが大切です。

第3章

自分にとっての優良企業を見つける企業研究

たくさんの企業の中から、どの企業を志望するか？
数字から見える企業の価値の見分け方、知名度や業績だけではわからない企業の魅力を発見するポイント、自分の興味・関心にマッチしている企業の見つけ方など、自分にとっての優良企業の探し方を教えます！

数字に注目して企業を見つけよう

知名度と企業の規模は比例しない

　2021年卒業の就活生を対象とした「就職ブランドランキング」は、1位「伊藤忠商事」、2位「明治グループ」、3位「大和証券グループ」という結果でした。

　就活生の多くが知名度のある企業に魅力を感じていることがわかります。ユーザーとして利用する機会が多い企業や、広告を目にすることの多い企業に関心を持つのは自然な流れかもしれません。

　この項目では、企業について知る切り口として、「数字」に注目してみます。企業にまつわる数字は、『会社四季報 業界地図』や『就職四季報』（東洋経済新報社）などの書籍が参考になります。これらの書籍を読むと、知名度だけではない企業の実像を知ることができます。

　たとえば、「就職ブランドランキング」80位の「コーセー」はテレビコマーシャルやドラッグストアなどでも商品が売られているので、「大企業」というイメージを持っている人も多いでしょう。

　一方で、100位以内に入っていない「沖電気工業」という企業をご存知でしょうか。日常生活で「沖電気工業」の名を見かける機会はそれほど多くないので、その存在を知らない学生もいるかもしれません。

就職ブランドランキング調査結果（総合）

順位	企業名	順位	企業名
1	伊藤忠商事	41	任天堂
2	明治グループ（明治・Meiji Seika ファルマ）	42	グーグル
3	大和証券グループ	43	凸版印刷
4	日本生命保険	44	日本放送協会（NHK）
5	丸紅	45	トヨタ自動車
6	博報堂／博報堂DYメディアパートナーズ	46	野村證券
7	損害保険ジャパン	47	三菱食品
8	三菱商事	48	中央労働金庫
9	大日本印刷	49	三井住友海上火災保険
10	ソニー	50	アサヒビール
11	東日本旅客鉄道（JR東日本）	51	旭化成グループ
12	三井物産	52	東日本電信電話（NTT東日本）
13	味の素	53	みずほ証券
14	バンダイ	54	小学館
15	全日本空輸（ANA）	55	オリエンタルランド
16	東京海上日動火災保険	56	大和総研ホールディングス
17	みずほフィナンシャルグループ	57	ジュピターテレコム（J：COM）
18	第一生命保険	58	アマゾンジャパン
19	SMBC日興証券	59	伊藤忠テクノソリューションズ（CTC）
20	ソニーミュージックグループ	60	読売新聞社
21	Sky	61	サントリーホールディングス
22	JTBグループ	62	アシックス
23	住友商事	63	あおぞら銀行
24	ロッテ	64	日本IBM
25	日本航空（JAL）	65	テレビ東京
26	三井住友銀行	66	NTTドコモ
27	ジェイアール東日本企画	67	アサヒ飲料
28	三菱UFJ銀行	68	資生堂
29	電通	69	明治安田生命保険
30	三井住友信託銀行	70	キヤノンマーケティングジャパン
31	りそなグループ	71	SCSK
32	ニュー・オータニ	72	ミリアルリゾートホテルズ
33	集英社	73	三井不動産
34	キッコーマン	74	日本銀行
35	楽天	75	LINE
36	講談社	76	日本政策投資銀行
37	国分グループ	77	ソニー生命保険
38	NTTデータ	78	住友林業
39	東海旅客鉄道（JR東海）	79	テレビ朝日
40	カゴメ	80	コーセー

文化放送キャリアパートナーズ　就職情報研究所　「2021年入社希望者 就職ブランドランキング調査（後半）」より

この 2 社の売上高を『就職四季報2021年版』で見てみると、コーセーの売上高は約3,300億円で、沖電気工業は約4,400億円です。

名前をよく耳にする企業だからといって、それに比例して売上高が高いわけではなく、**知名度がなくても大規模な事業展開をしている企業もある**ということを知っておきましょう。

みなさんが志望企業を選ぶときには、イメージや知名度だけに引きずられることなく、数字もしっかり見て、その企業の持つ実力に注目してください。

時価総額を見れば、株主からの評価がわかる

売上高以外で参考になるのは「時価総額」です。

$$時価総額 ＝ 株価 × 発行済株式数$$

たとえば、日本の上場企業の時価総額ランキング（2020年11月12日）は、以下の通りです。

（単位：百万円）

1位	トヨタ自動車（株）	24,204,915
2位	ソフトバンクグループ（株）	13,922,343
3位	（株）キーエンス	12,936,217
4位	（株）ＮＴＴドコモ	12,520,625
5位	ソニー（株）	11,476,896
6位	日本電信電話（株）	9,829,988
7位	（株）ファーストリテイリング	8,483,771
8位	（株）リクルートホールディングス	7,909,958
9位	中外製薬（株）	7,735,419
10位	第一三共（株）	7,429,730

時価総額を見れば、現時点での企業の価値がわかります。多くの人が株式を買う理由は、**その企業の現在の価値を認め、将来の成長を期待しているから**です。

　また、株式市場で自由に株を売買できる企業（上場企業）の場合には、会社の財務内容は広く公開され、誰もが情報にアクセスできます。世間に自身をさらけ出している企業は、社会的責任も負います。倫理的に問題がある行為をすれば、信用を失い、バッシングを受けることになります。時価総額の高さは、社会的信頼につながります。

「社会的信頼が高く、つぶれにくい大企業に入社したい」という人は、参考にしてみるとよいでしょう。

業界ランキングやシェアに注目する

　業界内のランキングや市場占有率（シェア）は、企業を研究するうえで参考になる数字です。

　たとえば、『会社四季報 業界地図（2021年版）』を見ると、携帯電話事業者では、国内1位が「NTTドコモ」、2位が「KDDI」、3位が「ソフトバンクグループ」です。

　少なくとも自分の行きたい業界については、**どの企業がどの程度のシェアを占めるのか**を調べておきましょう。

　就活生は、自分の身の回りで知名度の高い企業に目がいってしまいがちですが、「シェア」という点に注目してみると、日本には、一般的な知名度が低くても世界のトップシェアを占める企業も少なくありません。

　たとえば、ほかでは真似できないような技術力があって、そこでしか作れないような電機部品を作って世界中に輸出してい

るような企業です。

こうした実力のある企業に注目してみるのもよいでしょう。

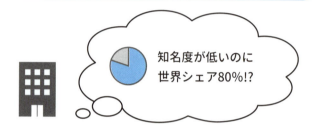

有休取得率と３年以内離職率で、労働環境が想像できる

働き方がイメージできる数字に目を向けるのも、企業を知るための切り口です。

たとえば、あなたが有給休暇の取得にこだわるなら、その企業で付与される有給休暇の日数だけでなく、**有給休暇取得率（有休取得率）** もチェックしましょう。

有給休暇　　　　賃金が支払われる有給の休暇日

有給休暇取得率　有給休暇の付与日数のうち実際に取得された日数の割合

労働基準法が一部改正され、2019年４月から、年次有給休暇が10日以上付与される労働者を対象に、年５日の有給休暇

を確実に取得させることが企業の義務となっています。

こうしたルールにきちんと対応している企業かどうかも確認しておきたいところです。

また、労働環境の目安にしたいのが、**3年以内離職率**です。調査によると、2017年に大学を卒業した人のうち、3年以内に離職したのは32.8%でした（厚生労働省調べ）。一般的に優良企業とされる会社の3年以内離職率は5%以下といわれます。

一例として、建設機械メーカー「コマツ」のデータを見てみると、新卒約200名を採用した3年後離職率は4.4%となっています（『就職四季報 総合版（2021年版）』）。

有休取得率が高く、3年以内離職率が低い企業は、いわゆる「ホワイト企業」といってよいでしょう。

有休取得率と3年以内離職率は、どちらも『就職四季報』に記載されていますので、参考にしてみてください。

年収が高い仕事は激務であることが多い

労働者が働く対価として手にできるお金（給与）は、基本給、時間外労働手当、各種手当、ボーナス、退職金……など、いろいろな種類があり、給与のしくみは、企業によって異なります。

たとえば、「基本給が低いけど、会社の業績によってはボーナスが高額になる」「基本給は一律だけど、個人の成果によって上乗せされる」「初任給は高いけど、その後、あまり上がらない」などです。

給与のしくみは、さまざまなパターンがあり、一概に、どれ

が良いとは言えません。

「とにかくたくさんのお金を稼ぎたい！」という就活生は、業界や企業の平均年収を比較してみましょう。

　私たちが就活生に希望年収を尋ねると、「高ければ高いほどよい」と答える人が多いのですが、年収が高い仕事は、拘束時間が長く、成果を厳しく求められる傾向があります。また、そうした職場では、知識や行動力、コミュニケーションスキルといった能力のほか、メンタル面での強さも求められます。

　逆に、年収が少々低くても、休みがしっかり取れて、残業が少なければ、ゆったりと働くことができますから、人によっては、「コスパの高い仕事」という考え方もできるでしょう。
　就活生であっても、自分がどのくらいの年収を望むのか（＝どういう働き方をしたいのか）を明確にしておく必要があります。

「業界４位以下」の企業に目を向けてみよう

　業界シェア１〜３位に位置する企業の内定を手に入れるには、難関を突破する覚悟が必要です。ライバルの多くは、国公立大学や有名私立大学に在籍している就活生。意欲も能力も備えた学生ばかりだと思ってください。
「自分の学歴に自信がない」
「そんな優秀な人たちと競うのは無理そう……」
　そう感じたあなたには、業界シェア４位以下の企業をおすすめします。

たとえば、百貨店業界であれば、売上1位は「三越伊勢丹ホールディングス」、2位は「J.フロント リテイリング（大丸・松坂屋）」、3位は「エイチ・ツー・オー リテイリング（阪急百貨店・阪神百貨店など）」です。そして4位以下には、「東急百貨店」や「小田急百貨店」、「丸井グループ」などがあります（『会社四季報 業界地図（2020年版）』）。

「業界1位にも憧れるけれど、仮に入社できたとしても、常に業界内のトップを争うような空気の中で働くのはキツそうだなぁ……。だったら4位以下の企業のほうが、自分には合うかも！」という考え方もできます。

隠れ優良企業は、グループ企業にあり

　NTT東日本、JR東日本など、大手インフラ系企業や財閥系（一般に三井・三菱・住友・安田の企業）のグループ企業は狙い目です。

　大手の名を冠した企業は、福利厚生や働き方のしくみが親会社と同等程度に充実していて、優良企業であることが多いからです。入社後も、比較的、安心感をもって仕事に取り組めると思います。

　たとえば、NTTグループであれば、物流事業を手がけるNTTロジスコ、総合ディベロッパーのNTT都市開発などが挙げられます。

　こうした企業は、親会社のホームページに関連企業、グループ企業として掲載されています。チェックしてみましょう。

気になる企業の数字を一覧にしておこう

　志望する企業は、自分の優先順位や価値基準と照らし合わせて選ぶことが大切です。

　ここまで見てきたように、企業の実体は、さまざまな切り口の数字に反映されています。その数字をじっくり見ていくことで、その企業の真の姿が見えてくるでしょう。

　気になる企業が見つかったら、それらの数字を一覧表にしておきましょう。記入例を挙げていますので、参考にしてください（78ページ）。

　自分の気になる企業を一覧にしておくと、企業を比較して検討でき、自分が好ましく感じる企業のパターンが見えてきます。

　一覧表に記入する数字はすべて『就職四季報』に記載されているデータです。

就活アドバイス

☐ 数字を見て、知名度以外の魅力に気づこう
☐ 労働環境にかかわる数字も要チェック！

年収1億円の人は
年収500万円の人の20倍幸せなのか？

「年収は多ければ多いほどよい」と考えている人がいますが、本当でしょうか。

　実は、年収800万円を超えると幸福度が上昇しなくなるというのです。

　幸福の定義は人それぞれではありますが、覚えておきたい調査結果ですね。

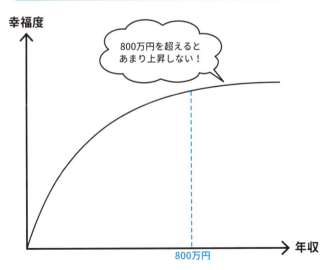

内閣府「平成23年度国民生活選好度調査」より作成

気になる企業の数字 記入シート

社名	採用人数（名）	平均年収（万円）	有給取得日数（日）
例）ABC工業	20	712	12

3年後離職率（%）	従業員数（名）	売上高（百万円）	平均年齢（歳）
15	500	20,000	42.1

「食品」「マスコミ」「化粧品」人気業界のワナ

「好きだから」に、要注意！

「食品」「マスコミ」「化粧品」は就活生に人気の業界です。

食品業界を志望する学生に志望理由を聞くと、高い確率で、同じ答えが返ってきます。

食べることが好きだからです！

マスコミ業界も同様です。華やかなイメージで影響力が大きいテレビ業界に憧れを持っている方も多いでしょう。テレビを見ることは生活の一部となっていますから、テレビ局にも親しみを感じますね。そのため、「幼い頃から、テレビが大好きで、今度は自分がテレビを作る側になりたいです」という志望理由は非常に多いです。

化粧品業界を志望している学生の多くにも共通するところがあります。
「なんとなく憧れがある」「楽しそうだから」などと、漠然としたイメージに惹かれているように見受けられ、「化粧品会社には、どんな業務があるか」「自分は何をやってみたいか」といったことは、なかなかイメージできていないようです。

もちろん、憧れやワクワクする気持ちは大切です。

ただ、それらの気持ちは「ユーザー目線」であることを自覚しましょう。**「サービスを受ける側」と「サービスを提供する側」は、根本的に異なります。**

サービスを受ける側は、サービスを楽しみ、ときには批評者となって好きな関わり方ができます。

一方、サービスを提供する側は、受け手にいかに満足感を与えられるサービスを生み出すか、また質の高さを継続し、固定ファンを作っていくか、といったさまざまなことを考え続けていく必要があります。

サービスを受ける側とサービスを提供する側では、思考の仕方も緊張感もまったく異なるのです。

化粧品業界
「自分が本当に望んでいることは？」

人気の化粧品業界に就職するためには、高い倍率をくぐり抜ける必要があります。

目標に向かって努力することは、非常に大切なことです。たとえ内定が出なかったとしても、化粧品業界内定に向けて重ねた努力は決して無駄にはなりません。

しかし、だからこそしっかり考えておきたいことは、**「自分が本当に望んでいることは何か」**ということです。

たとえば、「化粧品のような華やかなものに囲まれて仕事をしたい」という理由で志望企業を決めるのであれば、化粧品売場がある百貨店も視野に入るかもしれません。

また、仮に化粧品会社に入社できたとしても、地方の販売店

に営業に行くのが主な業務ということもあります。その場合、「華やかなものに囲まれた仕事」をイメージしていた人は、「ちょっと違う」と感じてしまうかもしれませんね。

外食産業「同じ業界でも事業展開の方法はまったく異なる」

数年前、キャリアアカデミーに「ファストフードの会社で食材バイヤーをやってみたい」という受講生がいました。

就活を進めていく過程で、ファストフードの店舗運営ではなく、商品を提供する側の仕事に関心を持ったようです。彼からは、「自分がやりたい仕事が何か」を常に真剣に考えながら就活に励んでいる様子が感じ取れました。

ひとくちに「ファストフード」といっても、企業ごとに、事業展開の方法はさまざまです。

マクドナルドをはじめとする世界展開のファストフードチェーンの多くは、主な食材であるビーフパティを海外から輸入しています。そのため、食材バイヤーが日々気にしているのは、為替レートです。1円でも円安になれば、たちまち原材料費は膨れ上がるため、大問題です。

つまり、マクドナルドにおける「食材バイヤー」という仕事は、「為替相場の動きを追い、相場の動きを予想して購買計画を立てること」です。

一方、日本国内で展開しているモスバーガーは、「地産地消」を掲げて商品開発を行っています。野菜などの食材は、国内の農家から直接仕入れていて、新鮮さを売りにしています。

モスバーガーにおける「食材バイヤー」の仕事のひとつは、農家の方々と仲良くなることです。野菜を作っている農家の方々には高齢者も少なくありません。自分よりかなり年上の方との信頼関係を築くコミュニケーションスキルや礼儀正しさ、実直さが求められるでしょう。

志望企業での日々の「仕事」に注目してみよう

志望企業を考えるときには、自分がその企業に入社したと仮定して、「どんなふうに仕事をしているか」を想像してみてください。

そのためには、その企業で働いている人たちが、**今、具体的にどんな仕事をしているか**に目を向けてみることが大切です。

食材バイヤーといっても、日本中、世界中を飛び回っている人もいるでしょう。一方、マクドナルドのバイヤーのように、いつもパソコンの前に張りついている人もいるわけです。

マクドナルドのバイヤーのように、為替レートを見続けることが苦にならず、自分の一瞬の決断で大きな利益を上げられるかもしれないというワクワク感が好きな人であれば、食品業界だけでなく、金融業界にチャレンジするのもよいかもしれません。

モスバーガーのバイヤーのように、さまざまな立場や幅広い年代の人とのコミュニケーションに向いていそうな人は、地域で公共的な役割を担う農協などの団体や企業の中に、自分を生かせる場所があるかもしれません。

食品業界は就活生に人気があり、難関な業界だけに、なかな

か先に進まない可能性もあります。

　そんなときは、もう少し、その業界や企業での**「リアルな仕事」を深掘り**してみましょう。それによって、自分の視野を他業界や思いがけない企業へ広げることも可能です。

自分は食品業界に行くと思い込んでいたけど、実は、〇〇業界のほうが向いていたみたい！

　こんな発見がたくさんあるかもしれませんね。

　企業での「リアルな仕事」を知るための具体的な方法は、企業説明会、座談会、OB・OG訪問です。

　働いている人の声を聞くことによって、Webサイトや書籍などではわからないリアルな情報が手に入ります。

就活アドバイス

□「本当は何をしたいのか？」と自分に確認してみよう
□ 難関業界に固執しないで、視野を広げる

「やりたくないこと」を見直そう

新卒の約7割は営業職に就いている

就活生と話をしていると、「営業はやりたくない」という声をよく聞きます。しかし、現実的には、新入社員の約7割が営業職を担当するといわれています。

では、みなさんが「営業」と聞いて思い浮かべるのは、どういうイメージでしょうか?

ノルマを達成するために、見ず知らずの人に頭を下げて自社製品を買ってもらう……。

新規顧客を開拓するために、事前に約束をせずに飛び込みで企業を訪問する……。

そんなハードなイメージでしょうか。確かに、営業職には、精神的にも肉体的にもハードな部分もありますが、その実態はハードなだけではありません。ひと口に「営業」といっても、既存の顧客を訪問してメンテナンスを行ったり、ニーズを拾ったり、ときには雑談をしながら信頼関係を築く時間が大半だという場合もあります。このような営業活動では、行動力よりも穏やかな人間性や傾聴力が求められます。

また、事務系の仕事を志望している人の中にも「そうは言っても、丸一日、会社にこもってデスクワークをするのはツライ」という人もいるはずです。そういう人は、「社内で戦略を練り、それを携えて外回り!」というメリハリのあるタイプの営業職も向いているかもしれません。

「やりたくないこと」をしないために
「やるべきこと」とは？

「やりたくないこと」をしないで済む方法はあります。

たとえば、あなたが家庭教師だったとします。あなたは「無理な注文をつけてくるモンスターペアレントの子どもだけは担当したくない！」と考えていたとしましょう。これを実現するには、家庭教師であるあなたが生徒を選ぶ立場になることです。モンスターペアレントのいる家庭はすべて断ってしまうくらいの人気がある家庭教師になればよいのです。

人気家庭教師になるには、子どもの成績を劇的にアップさせる指導方法を考え、常に技量を向上させなくてはいけません。「やりたくないこと」をしないためには、それくらい努力も必要であるということです。

就活もそうです。「やりたくないこと」をしないためには、「やるべきこと」（努力できること）を考えましょう。

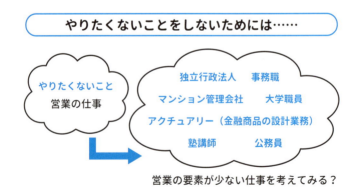

やりたくないことをしないためには……

やりたくないこと
営業の仕事

独立行政法人　事務職
マンション管理会社　大学職員
アクチュアリー（金融商品の設計業務）
塾講師　公務員

営業の要素が少ない仕事を考えてみる？

4 「やりたいこと」が なくてもいい？

「やりたいこと」がない場合は？

　大学4年生のHさん（女性）は、「やりたいことがない」と言います。本や漫画が好きなので、出版業界に興味があるが、競争率が高いので、自分には到底入れないと思っています。

　収入は、自分1人が慎ましく暮らしていける程度にあればよいので、無理して給料が高い企業を狙おうとは思いません。

　できることなら一生働かないで家でゴロゴロしていたいというのが本音です。

　しかし、就職しなければ親に怒られるので、「働かなければいけない」という気持ちはあります。

　中途半端な気持ちのまま、就活にも身が入らず、大学4年生の6月下旬になっても内定が1つもありません。

　彼女は、エントリーした企業に全落ちした7月上旬にキャリアアカデミーにやってきました。

「やりたいこと」は、仕事でなくてもいい

　Hさんのように「やりたいことがない」とか「なぜ働かなければならないのかわからない」という学生はいるでしょう。

　でも、そんな人にも、仕事以外のことであれば、人生における「やりたいこと」があるのではないでしょうか。

　一人暮らしをしたい、海外旅行に行きたい、○○を買いたい、ライブやフェスにたくさん行きたい、素敵な結婚をしたい、海

のそばに別荘を持ちたい……などなど。このようなプライベートの夢であれば、誰でも思い浮かべやすいと思います。

お気づきだと思いますが、こうしたプライベートの夢を叶えるには、お金が必要です。

そのお金は仕事をすることで得られます。言うなれば、「あなたのやりたいこと」と「お金（＝仕事）」は切り離せないものだということ。こう考えてみると、「仕事をやってもいいかな」と思えてきませんか。

大切なことは、じっくりと自分の気持ちと向き合い、**「やりたいこと」「そのために何をすべきか」を明確にしておくこと**です。

自分にとっての「やりたいこと」が具体的になってくると、仕事へのモチベーションも上がってくるはずです。

「やりたいこと」と「できること」

「車の製造にかかわる仕事に就きたい」という人が「機械工学の勉強をしてきた」というのであれば、その人は自動車メーカーに就職することで、「やりたいこと」と「できること」を両立できます。

しかし、誰しも「やりたいこと」と「できること」が同じではありません。社会を見渡しても、その２つが重なっていない人は多いです。

やりたくないことであっても、「できること」を仕事として続けていると、それなりの成果が出て評価されます。ほめられるとうれしく、やる気も出てきそうですね。たとえ、やる気が出なかったとしても、「できること」でお金を稼げるのなら、

自由に「やりたいこと」ができます。

　一方で、できないけれど「やりたいこと」を徹底的にやっていくという方法もあります。

　当然、簡単には成果は出ないでしょうが、「やりたくないことで成果を出してもうれしくない！」と思うのであれば、とことん「やりたいこと」だけやるのもひとつの道です。

　案外、やり続けているうちに、だんだんと「できないこと」が「できること」になり、円が重なってくるかもしれません。

「やりたいこと」と「できること」の関係

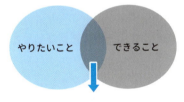

「やりたいこと」と「できること」が重なるとき

やりたいこと　できること

この重なり部分を仕事にするのが理想

「やりたいこと」と「できること」が重ならないとき

やりたいこと　　　　　できること

２つの円が重ならない

生き方①「やりたいこと」を徹底的にやる
生き方②「できること」を仕事にしてお金を稼ぎ、
　　　　余暇で「やりたいこと」をやる

Hさんが据えた4つの軸

　Hさんの話を聞いていくうちに、彼女の「やりたいこと」が見えてきました。

　　・Hさんは、親に怒られてばかりいるので、「マイペースに
　　　一人暮らしをしたい」と思っている
　　・趣味（本や漫画を読む）を楽しめる程度の余裕がほしい
　　・休みが取りやすく、休日出勤がない職場がいい
　　・全国転勤はしたくない（東京周辺で働きたい）
　　・日系の企業で働きたい

　さらに整理し、Hさんの希望を仕事に落とし込んでみると、次の4つの軸が判明しました。
①一人暮らしが実現できる程度の給料がもらえる
②福利厚生が整っている
③全国転勤がない
④日系企業

　Hさんは就活を続け、最終的には、日系大手保険会社のエリア総合職（転勤がない総合職）の内定を獲得しました。後にHさんは、「保険に興味はなかったけれど、福利厚生が整っている大手企業に入れて満足です。お金を貯めて、社会人1年目で一人暮らしをはじめることができました」と言っていました。
　Hさんが入社を決めた保険会社には、Hさんのやりたい4つのことを実現できる環境がありました。

5 自分にとっての 優良企業とは?

「優良企業」「ブラック企業」の 定義は、人それぞれ

就活生同士で志望企業の話をしているときに、「あの企業は ブラックだよ、大丈夫?」「そうかな、僕は楽しそうな会社だ と思ったけど」と、意見が分かれることはありませんか。

もちろん、労働環境が明らかにひどく、労働基準法に違反し ているような会社は完全なブラック企業だと判断できます。

しかし、少し労働時間が長い企業の場合には、ある人にとっ ては「働きがいのある良い企業」であり、別の人にとっては「こ き使われて、休みがとれないブラック企業」という2つの見方 もできます。

つまり、**「ブラック企業かどうか」は、人それぞれの価値観 で判断される**ので、客観的に決めることができません。

たとえば、歴史のあるインフラ系の大企業(電力会社、ガス 会社、鉄道会社など)は、福利厚生が充実していて、給与水準 が高い傾向があります。また、人々の生活に欠かせないものを 扱う仕事なので、流行に左右されず、安定して仕事をしていけ そうだと考える人が多いです。

しかし、こうした企業の多くは「年功序列型」です。社歴の 長い社員に発言力があり、企業によっては、若手社員に会議で

の発言や提案の機会さえ与えられない場合もあるようです。

　こうした状態を「窮屈」「耐えられない」と感じるのであれば、一般的にはホワイト企業といわれる企業であっても、「ブラック企業」だと判断する人もいるでしょう。

　一方、証券会社は、年功序列が関係ない実力主義の企業が多いです。明確なノルマが設定され、それを達成することが求められ、成果を出せば出すほど報酬に反映されます。

　そのため、少々ハードな職場環境であってもバリバリ働いて稼ぎたいという人にとっては、実力を公平に評価してくれる「ホワイト企業」です。反対に、そこそこの給料でいいから定時に帰りたいという人にとっては、「ブラック企業」になるでしょう。

　たとえ労働時間が長くても、上司に毎日あれこれ注意されながら仕事する環境であっても、もし「自分が理想とするステップアップができる」と思える環境であるなら、それはあなたにとっての「ブラック企業」ではありません。

あなたにとっての優良企業とは？

　あなたにとっての「優良企業」とは、どんな企業でしょう。
　就活においては、**「自分の欲しいもの」がたくさん得られる企業が「自分にとっての優良企業」**だといえます。

　もしも、あなたが一番「欲しいもの」が「高収入」であるなら、総合商社、金融系の企業、コンサルティングファームあたりが候補となるでしょう。しかし、就職難易度が高く、入社してからもハードワークが待っていることは確実ですから、その

点は納得したうえで志望するかどうかを決めましょう。

　自分が何に価値を置くか、何が欲しいのかを明確にすれば、「自分にとっての優良企業」が明確になります。

> **「自分にとっての優良企業」を見つけるために自問しよう**

「自分が仕事で手にしたいものは何か？」
「それが手に入りそうな企業はどこか？」
「そこで自分が働く姿は、どんなイメージか？」

　多角的な視点から、「志望企業＝自分にとっての優良企業」を絞っていくことが大切です。
「自分にとっての優良企業」を見つけるために、94〜95ページに「ワーク：自分にとっての優良企業を定義してみよう」を収録しています。これを使えば、現在のあなたにとっての「優良企業」の判断基準が見えてきます。

就活アドバイス

☐ ブラック企業の判断基準は、価値観によって違う
☐ 「自分にとっての優良企業」を定義してから、企業を探そう

ワーク：自分にとっての優良企業を定義してみよう

　それぞれの項目について、自分の気持ちに一番近い選択肢にひとつ○をつけます。その選択肢を選んだ理由も書きましょう。A〜Lの項目について、「自分の人生にとってどれくらい重要か」という優先順位もつけます。

A．稼ぎにこだわりたい（＿＿＿歳までに年収＿＿＿＿万円を達成したい）／稼ぎにはこだわらない

理由

B．有名な企業に行きたい／ネームバリューにはこだわらない

理由

C．残業は多くてもよい／残業は少ないほうがよい

理由

D．実力主義がよい（仕事の成果が即時に評価や給料に反映されてほしい）／年功序列がよい（年次が上がるとともに役職や給料が上がってほしい）／こだわらない

理由

E．出世したい／出世にはこだわらない

理由

F．将来は起業したい／一生、会社員でいたい／その他
　　　（フリーランス、専業主婦・主夫、家業を継ぐなど）

理由

G．全国転勤してもよい／転勤するのはイヤ／こだわらない

理由

H．海外で働きたい／働きたくない／こだわらない

理由

I．結婚したい／結婚したくない／どちらでもよい

理由

J．子どもが欲しい／子どもはいらない／どちらでもよい

理由

K．キャリアとプライベートを比べると、よりキャリアを大切
　　　にしたい／よりプライベートを大切にしたい

理由

L．A～K以外に大切にしたいものがある場合は記入してくだ
　　　さい

A～Lの優先順位 記入欄
1位＿＿＿＿　　2位＿＿＿＿　　3位＿＿＿＿　　4位＿＿＿＿　　5位＿＿＿＿

このワークシートにおいて、優先順位が高かった項目が、現時点での「あなたの人生においての欲しいもの」です。

　そして、これらの「欲しいもの」が得られる企業が、「あなたにとっての優良企業」となります。

　回答によって、結果は大きく違ってきます。たとえば、こんな優先順位の人はいませんか?

　1位－D（○　実力主義がよい）

　2位－E（○　出世したい）

　3位－C（○　残業は多くてもよい）

　4位－A（○　稼ぎにこだわりたい）

　5位－I（○　結婚したい）

　パッと見ただけで、「ハードでもいいから仕事をバリバリやっていきたい人」という印象を受けますね。

　逆に、次のような優先順位の人は、かなりの比重でプライベートを大事にしたいと思っている人のような印象を受けます。

　1位－C（○　残業は少ないほうがよい）

　2位－I（○　結婚したい）

　3位－G（○　転勤するのはイヤ）

　4位－B（○　有名な企業に行きたい）

　5位－J（○　子どもが欲しい）

　次ページ以降では、志望業界、企業、職種を決めるヒントをお伝えします。このワークシートの結果を参考にして、読み進めてください。

ワークシートの結果別
おすすめ業界・企業・職種

A「稼ぎにこだわりたい」が高い人＝収入の高さが重要

　年収の高低は、業界によって差がハッキリ出ます。年収が高水準の業界は激務であることも多いです。数年ごとに転勤があったり、勤務形態が不規則だったり、極端な成果を求められる、プレッシャーを感じやすい職種もあります。

　プライベートの時間が削られたとしてもバリバリ働きたい人であるなら、高収入を第一に考えてもいいでしょう。

　→コンサルティング業界、総合商社、放送キー局（東京本社）、
　投資会社、メガバンクなど

B「有名な企業に行きたい」が高い人＝ネームバリューが重要

　企業のネームバリューと競争倍率は、ほぼ比例関係にあります。ネームバリューがある企業で、特に倍率が高いのは大手食品メーカーです。

　一方、メガバンクもネームバリューがありますが、食品メーカーより採用人数が多いです。メガバンクも難関ではありますが、食品メーカーに比べれば競争倍率は低くなります。

　→メガバンク、食品・電機・日用品メーカーなど

I「結婚したい」
J「子どもが欲しい」
K「よりプライベートを大事にしたい」が高い人

　収入や仕事へのやりがいはそこそこでよいので、プライベートの時間を大切にしたい人には、公的な性質を備えた法人やイ

ンフラ系企業がおすすめです。ただし、近年は「プライベート
を優先させたい」という就活生が増えているため、倍率は高い
傾向があります。学歴に自信がない人は、大手インフラ系のグ
ループ会社も検討してみてください。

**→インフラ系企業、インフラ系企業のグループ会社、公務員、
大学職員、財団法人、社団法人など**

C「残業は多くてもよい」が高い人＝やりがいを優先

休みが取りにくかったり、残業が多かったとしても、とにか
く「やりがい第一」という人は、世間の評価をダイレクトに感
じられる仕事や自分の興味・関心を追求できる仕事などがおす
すめです。

**→テレビ局、出版社、新聞社、講師、研究職、デザイン職な
ど**

D「実力主義がよい」
E「出世したい」が高い人＝実力を試したい

年次などは関係なく、個人の能力（売上などの実績）によっ
て評価が決まり、インセンティブとして収入にも反映される業
界がおすすめです。実力のある人ほど稼げますが、働く時間は
長くなる傾向にあります。

→不動産会社、証券会社、生命保険会社など

D「年功序列がよい」
E「出世にはこだわらない」が高い人＝安定して働きたい

実力主義とは反対に、安定して働きたい、コツコツと変化が
少ない仕事を地道にこなすのが得意という人は、年功序列型の

職場がおすすめです。

→インフラ系企業、公務員

F「将来は起業したい」が高い人＝起業を見据えて働く

　将来的には起業をしたいと思っている人は、起業前の準備として2つの方法が考えられます。

　ひとつは、メガバンクなどの大企業に就職して、起業後に「○○銀行出身」「○○商社出身」というネームバリューのある肩書きを使えるようにすることです。「信用第一の大企業で働いていた」という経歴は、お客様の信頼を得られやすいです。

　もうひとつは、ベンチャー企業で働き、営業、経理、人材マネジメント、採用など、あらゆる業務を経験することです。「なんでも屋」の経験は、将来、自分が企業を率いる立場になったときに必ず役立ちます。

→大手有名企業、ベンチャー企業など

F「その他（家業を継ぐ）」が高い人

　家業を継ぎたい、あるいは、継ぐ必要がある人は、自分の家業と同じ業界で躍進している企業で働くのがおすすめです。将来、自分が家業を継いだときに役立ちます。

→家業と同じ業界の企業

F「一生、会社員でいたい」が高い人＝安定して働きたい

　安定した身分の会社員として働きたいのであれば、いわゆる「つぶれにくい」企業がおすすめです。知名度が低くても、高シェアの企業もあります。書籍『新しいニッポンの業界地図 みんなが知らない超優良企業』（講談社＋α新書）には、そう

した優良企業が数多く掲載されていて参考になります。

→インフラ系企業、大手ゼネコン、大手自動車メーカーなど

G「全国転勤してもよい」が高い人

業界を問わず、ある程度の規模の大手企業の場合は、ほぼ全国展開をしていますから、「総合職として就職＝ほぼ100％全国転勤の可能性がある」ということです。

→総合職

G「転勤するのはイヤ」が高い人

一般職、もしくは、エリア総合職という、勤務地限定の枠で志望するのがよいでしょう。エリア総合職は企業によって「地域限定職」「特定総合職」「準総合職」などと呼ばれており、子育てや介護など、家庭を大切にして働きたい人を想定して用意されています。一方、一般職の採用枠は年々減少しているため、難易度は高くなっています。

→一般職（総合商社、銀行、メーカー）、エリア総合職（生命保険、損害保険）など

H「海外で働きたい」が高い人＝海外に住んで働きたい

海外で働きたい、または海外勤務を厭わないというのなら、商社やメーカーがよいでしょう。

ちなみに総合商社はほぼ100％海外勤務があり、応募した時点で、海外勤務OKとみなされます。

メーカーの場合には、海外で働きたい意欲があるのなら、早い段階で企業にその意思を伝えたほうがよいでしょう。メーカーの海外拠点はどんどん増える傾向にありますから、企業にも

好印象です。

　なお、航空会社のCA（キャビンアテンダント）や旅行代理店も、海外での仕事が多いです。ただし、これらの業種は駐在して長くその国で仕事をするより、「行って帰ってくる」勤務形態が主です（海外に支店がある旅行代理店なら駐在の可能性もあります）。海外勤務を希望するなら、どんな勤務形態の可能性が高いかを調べておきましょう。

　→商社、食品・機器メーカー、旅行代理店、航空会社

エ「結婚したい」が高い人＝結婚相手と出会いたい

　職場でパートナーと出会うことも多いです。「会社で結婚相手を見つけたい」と考えている人は、男女比率やその業界で働く人の特徴も確認しておきましょう。

　一般的な傾向として、総合商社などの営業力が試される世界で働く人は、コミュニケーション能力が高くプライベートが華やか。一方、メーカーなどの研究職は真面目な印象の人が多いかもしれません。

　結婚相手は社外の人のほうがよいという考え方もありますが、社内の人とは関わる時間も長いので、人的ネットワークが広がりやすいもの。社内だけでなく、社内の人の紹介で社外の人と出会うというパターンもよくあります。

　社内結婚をした場合、2人が同じ職場で勤め続けられるのかという問題もあります。就職試験の面接で聞くには不適切ですが、親しいOB・OGに話を聞く機会があったら、そうした社内の状況を聞いてみるのもよいでしょう。

　→企業の男女比率などを確認

J「子どもが欲しい」が高い人＝子育てと両立したい

　一般的に、育児休業制度が整っているのは、日系の金融機関やインフラ系企業です。また、百貨店や化粧品会社など、女性社員の割合が高い企業では、子育てと仕事を両立するしくみが充実していることも多いです。志望企業の働き方を知りたい場合は、企業の公式ホームページをチェックしてみましょう。

　→女性社員の割合が高い会社、女性の勤続年数が長い会社

 内定への道

「育休」以外にも注目してみよう

　将来、子どもを持ちたいと考えている就活生にとって、子どもを育てやすい環境は気になりますよね。

　最近では、法律で定められている育児休業制度だけではなく、「子どもが小学生の間はずっと時短勤務が認められる」「子どもが病気になったときには在宅勤務が可能である」など、子育て中の社員の要望を取り入れた柔軟な制度を独自に運用している企業も増えています。

　そのような会社では、子育て中の社員も「大切な人材」と考えてくれていますから、キャリアアップも見据え、やりがいを持って働けるはずです。ぜひ、企業選びのポイントにしてください。

第 4 章

インターンシップ
を有効に活用しよう

さまざまな情報が飛び交い、何を信じて行動すればよいか判断が難しいインターンシップ。第4章ではインターンシップの効果的な活用方法をお伝えします。

インターンシップの基本知識

インターンシップは0次選考！

インターンシップ（以下、インターン）の本来の位置づけは、「就業体験」です。実際に企業で仕事を体験したり、仕事内容を説明するという名目で行われています。

実際、インターンを「仕事が自分に合っているかどうかを見極める場」と考えている就活生もいるでしょう。

一方、企業側は、インターンを単なる会社説明会というよりも、**実質的な選考の場**と考えていることが多いです。インターンで優秀な学生をリストアップして、本選考に優先的に進ませることもあります。つまり、企業はインターンを「0次選考」と考えています。

0次選考は、大学受験でいえば推薦試験と同じです。推薦試験は、大学が、自校に合う学生を早めに囲い込むことが目的です。それと同様に、**企業も優秀な人材を他社に先がけて囲い込みたい**と考えています。

インターンの選考に落ちてしまったら、その企業の本選考を受けても意味がない？

安心してください。たとえ、選考を目的にしたインターンに参加できなかったからといって、落胆する必要はありません。

キャリアアカデミーでは、**インターン選考で落ちた後、本選考に挑戦し、内定が出ている例も多い**です。

もし志望企業のインターン選考で落ちてしまっても、諦めないでチャレンジしてください。本選考に備え、自己分析、ESへの落とし込み、企業研究をしっかり行い、来たるべき本番に備えましょう。

インターンには３種類ある

インターンは、おおまかに３種類に分けられ、企業によって期間や内容は異なります。

タイプ1 **1 day インターン**

タイプ2 **短期インターン**

タイプ3 **長期インターン**

ほぼ一年中、さまざまな企業でインターンを行っていますが、**多くは夏季と冬季に集中**します。

参加の条件として、「ESや面接、グループディスカッションなどの選考が行われるタイプ」「定員に達した時点で締切になる先着順タイプ」などがあります。

企業によって募集時期も参加方法も異なるので、情報をしっかりチェックしておきましょう。

1dayインターン

文字通り1日で完結するタイプのインターンです。

内容は、会社説明会や簡単なワークショップ（ワーク）、先輩社員との座談会などを行うことが多いです。

「さあ、インターンだ！」と、意気込んで企業に出向いたものの、会社の説明だけで終わって、拍子抜けすることもあるでしょう。

1dayインターンは、比較的ハードルが低く、参加しやすいのが特徴です。1、2年次の学生が参加できるものもあります。

就活生の中には、これまでまったく「会社」というものに足を踏み入れたことがないという人もいるでしょう。会社の雰囲気に慣れるために、説明会タイプの1dayインターンに足を運んでみるのもよいかもしれません。

企業にもよりますが、インターンに参加すると、**本選考で優遇される**などのメリットがあります。大人数が参加する1dayインターンにおいても、適切な質問や発言をした学生は企業から評価され、選考の特別枠に案内してもらえることがあります。

1dayインターンであっても、志望企業のものには、なるべく参加しましょう。

タイプ2 短期インターン

5日間〜3週間程度のインターンです。企業側の受け入れ人数が限られており、インターンに参加するための選考が設けられています。

ハードル（選考）が設定されているということは、企業側には**できるだけ優秀な学生を囲い込みたい**という意図があるといえるでしょう。

インターンの内容は、課題が与えられ、決められた期間内に成果を出すワークショップ型が多いです。説明会・セミナー型よりも内容が実践的で、「企業で働くこと」をより実感できると思います。

インターン期間中、企業側は、「どのような姿勢でインターンにのぞんでいるか」「ほかのインターン参加者とのコミュニケーションの様子はどうか」などをしっかり見ています。

課題をこなすだけでなく、それに**取り組む過程や態度などにも気を配りましょう。**

タイプ3 長期インターン

３カ月以上のインターンです。ほとんどの場合、報酬が支払われ、**ベンチャー企業や中小企業**がよく募集しています。

社風や業務内容を知るよい機会になりますが、学生のことを安い労働力とみなして酷使しようとする企業もありますから、注意してください。

「観察されている」という自覚を持つ

インターン中、就活生が犯しやすいミスは、企業を査定するような「評論家意識」を前面に出してしまうことです。

福利厚生のことばかり尋ねたり、転勤や昇給の話題ばかり持ち出したり、「企業や社員の実体を見てやろう」という評論家目線が強い学生がいると、社員たちもそれを敏感に察し、あまりよい気持ちはしません。

逆に、**「常に自分は観察されている」という自覚**を持ってのぞみましょう。もちろん、必要以上に緊張したり、よいところを見せるために背伸びをしたりする必要はありません。

その企業について**「学ばせていただく」という気持ち**と、自分がその企業で**どんなふうに役立てるか**を考えて、課題や作業に取り組みましょう。

インターンのときの服装は？

インターンに参加するときの服装は、企業から指定がない場合は、**基本的にはスーツ**を着用します（214 ～ 217 ページを参考にしてください。スーツはいずれ必要になるので、大学3年生になったら購入しておきましょう）。

「服装自由」という指定のときはスーツでなくてもかまいませんが、Tシャツにジーンズなどは避け、**普段着より少しあらたまった服装**にしましょう。

オフィスで浮かないような、いわゆる「オフィスカジュアル」や「ビジネスカジュアル」と呼ばれる、幅広い年代の人に受け入れられる清潔感のあるファッションがおすすめです。

具体的なアイテムについては、「第9章　信頼度がアップする就活のマナー」でも説明しているので、参考にしてください。

就活アドバイス

☐ **インターン選考で落ちても、本選考で内定は出る！**
☐「学ばせていただく」という謙虚な気持ちを持つ

2 就活生と企業 「選ぶ」側はどちら？

就活生は「選ばれる」立場

みなさんが消費者として、何かのサービスを利用したり、モノを買うときには、いくつかの候補を比較して品定めをする「選ぶ」側です。

サービスやモノを提供する企業は、消費者に気に入ってもらえるようなサービスや商品を考えます。企業は「選ばれる」立場であり、消費者の要求に応える必要があります。

インターンでは、立場が逆転します。

今まで消費者として選ぶ側の役割だった就活生が、「選ばれる立場」になります。

インターンにエントリーした瞬間から、みなさんは企業によって、「能力があるか」「利益を出せるか」「すぐに辞めないか」などといった観点でチェックされています。

インターン期間中、みなさんは、常に評価の対象です。いったん企業からマイナスの評価を受けてしまったら、本番の選考でも不利になる可能性があります。

だからこそ、インターン生として、できる限りの良い成果を生み出せるように、与えられた課題や業務に真摯に取り組みましょう。

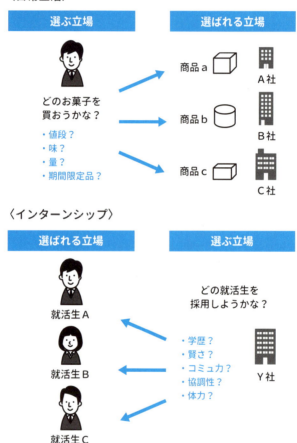

「選ぶ立場」から「選ばれる立場」へ

〈日常生活〉

選ぶ立場 → 選ばれる立場

どのお菓子を
買おうかな？

・値段？
・味？
・量？
・期間限定品？

商品a　A社
商品b　B社
商品c　C社

〈インターンシップ〉

選ばれる立場　　選ぶ立場

就活生A
就活生B
就活生C

どの就活生を
採用しようかな？

・学歴？
・賢さ？
・コミュ力？
・協調性？
・体力？

Y社

早めのインターン参加が、就活成功のカギ

就活生に「みなさんは評価される立場ですから、がんばってね！」と言うと、「自信がないから、インターンに参加するのは、就活の準備が十分に整ってからにしよう」と、インターンを先送りする就活生もいます。

しかし、準備万全とは言えなくても、**インターンには積極的に参加すべき**です。

理由は、インターンに参加することによって、自分と他者を比較し、自分に何が足りていないかを把握できるからです。

インターンで自分の足りないところがわかれば、それを補うような努力をしたり、ESや自己PR、ひいては就活そのものを軌道修正することもできます。

インターン参加をきっかけに、より精度の高い就活へとチェンジすることが、優良企業の内定につながります。

同じ業界で複数のインターンを経験しよう

インターンは、企業が就活生を評価する場であると同時に、就活生自身が**自分のキャリアを築いていく場所として、その企業が適切かどうかを確かめる機会**でもあります。

そうした意味でも、比較検討しやすいように、なるべく多くの企業のインターンに参加することをおすすめします。

1day、短期、長期など、バランスよく組み合わせて、多くの企業文化を肌で経験しましょう。

志望業界がある程度決まっていたら、同じ業界で複数社のインターンを経験できるとよいでしょう。

金融業界を例に出すと、同じ「銀行」であっても、三菱UFJ

銀行、三井住友銀行、みずほ銀行では企業文化や力を入れている分野が異なります。

　合併して生まれた銀行の場合は、支店によっても雰囲気が異なり、一方のカルチャーが色濃く出ていることもあります。

　インターン生として就業してみると、働いている人を含め、自分がその企業に向いているかどうかが体感的にわかります。

　参加した企業のことを「やっぱり好きだな」と思えたとしたら、それは大きな収穫です。

　反対に、「どうもこの会社は自分には合わないな」と感じたとしても、それは大きな収穫です。

「インターン中に何か失敗したら、取り返しがつかない！」と深刻に考えすぎないでください。失敗は、一人前の社員でもよくあることです。大切なのは失敗したときの態度です。素直に反省し、なぜ失敗したのかを考えて、次の失敗が起こらないように努力することです。

　インターンは、自分の良さを知ってもらうためのチャンスです。

　誠実に取り組み、業務を通して自分らしさを表現していきましょう！

就活アドバイス

☐ 早めにインターンに参加しよう
☐ インターン中の失敗を怖れすぎない！

3 インターン生の心得

「何でもやります！」が、道を切りひらく

インターン生として企業に飛び込んだら、「何でもやります」という姿勢で日々の業務にのぞみましょう。

データ入力や資料作りなど、たとえ**どんなに単純でつまらない作業に思えても一生懸命に取り組むこと**が大切です。

たとえば、あなたが将来、「企画の仕事に携わりたい」と考えているとしましょう。それなのに、頼まれる仕事が「データ入力」だとしたら、あなたは「つまらない」と感じるかもしれません。

考えてみてください。新商品企画ひとつとっても、素材、ターゲット、コストなどのさまざまな要素を検討する必要があります。しかし、新人は何も知りません。

サービスや商品は、ノウハウがあってこそ生まれるものです。安くて質の高い製品は、机上の考察のみで簡単にできるはずがありません。

以前、インターンを経験した学生が、ある企業の営業部長にこんな話をされたそうです。

その営業部長が新入社員のときは、率先して本部長や部長など、役職者のコピー取りを引き受けていたんだとか。コピーを頼まれると、新入社員の自分が知り得ない大事な情報や、よく

練られた企画書など、さまざまな知見にふれることができ、生きた教材として、とてもよい勉強ができたそうです。

この話は極端な例かもしれませんが、**インターンシップ中に体験することのすべては、今後の「会社員として働く」あなたの肥やしになる可能性**を秘めています。

最初は自分のイメージした仕事と違っていても、すべて「会社員になってからの仕事につながる」と考え、「何でもやります、やらせてください！」という姿勢でのぞみましょう。

日常生活を「社会人モード」に変えよう

インターン中、必ずやるべきことがあります。

それは、**日常生活を「社会人モード」に切り替えること**です。

学生生活は、比較的自由です。自分の好みで選択し、気分によってその日の行動を変えることもできます。授業を少しくらいサボっても、授業中にスマートフォンを見ていても、先生は何も言わないことも多いでしょう。アルバイトも1回くらい無断で休んでも大目に見てもらえるかもしれません。

ただ、普段の生活は、インターン中に出てしまいます。「まさか！ インターン中は緊張しているし、社員の前でいいかげんな行動はしないよ」と、あなたは思うかもしれません。しかし、普段やっていることや、考え方の癖は、無意識に、ふとしたはずみに出てしまうものです。

特に、中長期のインターンともなれば、朝出勤してから退勤するまで、先輩社員たちとともに職場で過ごすことになります。「会社にいるときだけ、きちんとしてればよい」とは思わずに、日々の日常生活までも見直してください。

「社会人モード」になるための行動ポイント

「社会人モード」になるためには、「当たり前のことを、いつでも当たり前にすること」を遵守しましょう。

たとえば、次のようなことを守って生活してみましょう。

「社会人モード」になるための行動ポイント

- 大学の授業には必ず5分前には到着する
- アルバイト先では、言われたことだけを行うのではなく、プラスアルファでできることを自分で探す
- サークルや部活などで頼まれた仕事は、質・スピード両面で期待以上のものを提出する
- 約束は必ず守る。守れないとわかったら、わかった時点でなるべく早く相談する
- 友人同士で話をしているときは、一人ひとりの話を引き出すよう気を配る
- 美容室や飲み会など、待ち合わせ時間には遅れないようにする。遅れるとわかった時点でなるべく早く電話をし、謝罪と到着予定時間を伝える

こうした一つひとつの小さな積み重ねが、「社会人モード」になるための土台です。積み重ねることが人からの信用につながりますから、ぜひ意識して生活してみましょう。

4 インターンの成果を最大限にする3つのポイント

なんとなく参加するのは、もったいない！

「みんな参加しているし……」「本選考で有利になるかもしれないし……」と、なんとなくインターンに参加している就活生もいるかもしれませんね。

しかし、次の3つのことを意識しながらインターンに取り組むことによって、インターンから得られる成果を大きなものにできます。

> **ポイント1** 目的意識をもって取り組む
> **ポイント2** インターン中は社員に質問する
> **ポイント3** インターンが終わったら振り返りをする

ポイント1 目的意識をもって取り組む

なぜその企業のインターンに参加するのか、その目的を明確にしてから参加しましょう。

たとえば、次のような目的です。

【○○ ITソリューションズのインターンに参加する理由】

親戚のおじさんから「SEが向いていそうだ」とすすめられたが、私は文系で情報系は自信がない。SE志望者向けの「プログラミング体感インターン」に参加して、SEが向いているか確かめよう。

【△△株式会社のインターンに参加する理由】
　この会社は、面白そうな事業内容を展開しているので興味がある。社員数が多くないので、社内の雰囲気やどういう人たちが働いているのか自分の目で確かめてみたい。

　参加する目的は、インターン中、いつも心の中で意識するようにしましょう。

ポイント2 インターン中は社員に質問する

「自分が不適切な質問をするのでは？」と心配で、インターン中に発言や質問ができない学生もいるでしょう。
　しかし、口をつぐんだままでは、適切な発言も、適切な質問も、一度もできないままでインターン期間が終わってしまいます。
　質問力を磨くには、質問するのみです。「1日○回、質問する！」と目標を決めて、インターンに参加しましょう。

ポイント3 インターンが終わったら振り返りをする

　インターン期間が終わったら、そのインターンを振り返る時間を作りましょう。
　次ページのような「振り返りシート」を作って、インターン中に気づいたことを書き留めておきましょう。
　振り返りシートを作成することによって、自分自身の反省を改善につなげることができます。また、インターンに参加した企業の本選考を受ける場合は、志望動機を作成する際に、振り返りシートが役立ちます。

インターン振り返りシート

企業名： ○○ITソリューションズ株式会社　　**日程：** 9月15日

目標：

・SEが自分に向いているか確認する
・社員座談会でSEのやりがいについて質問をする

インターンの内容：

「プログラミング体感インターン」
・会社説明
・プログラミング実践
・社員からのフィードバックと座談会

反省点：

・会社説明で眠くなってしまった
・プログラミング実践では、ほかの就活生のスピードについていけなかった。わからないことがあった時点で質問ができなかった

改善点：

・前日夜更かししてしまったことが原因。インターンの前日は23:00までに寝る
・わからないことがあった時点ですぐに質問をするようにする

企業について魅力に感じたところ：

・社員の方がイキイキと働いているように感じた（○○さん、△△さん）
・有給休暇はしっかりと取得できそう

企業で働く場合の懸念点：

・SEの仕事は楽しいと感じたが、仕事についていけるかわからないと思った
・労働時間が長い？→要確認

その他：

・冬のインターンも開催予定とのこと。お知らせメールが10月中旬頃届く

第 **5** 章

効率重視で突破！
筆記試験＆Webテスト
対策

就活の筆記試験＆ Web テストは、高校・大学入試と性質が
異なります。最小限の労力で最大限の結果を出すべく、効率
的に取り組みましょう！

1 筆記試験＆Webテスト対策法

勉強しすぎても報われないので、効率重視！

　高校や大学の受験対策は、志望校の入試問題の傾向をつかみ、慣れるために「過去問を徹底的に繰り返し解く」ことが基本です。

　高校や大学は、入学してほしい学生の資質がおおよそ決まっています。過去問を徹底的に解く方法が有効なのは、入試問題が各学校の個性を表し、難易度も含めて「個性に合いそうだったら受験してね」という一種のマッチングツールだからです。

　大学の個性（入試問題の傾向）が1、2年で大きく変わることもなく、対策を立てやすいのです。

　一方、就活の筆記試験＆Webテストは、企業の個性を表すものではありません。あくまで、計測ツールとして参考程度に用いるものです。

　また、企業は、経済状況や市場の変化に応じて、採用人数が増減します。社内の事業体制が変わったり、人事部長が替わったりすると、その年の採用試験の傾向がガラリと変わることもあります。

　したがって、**就活の筆記試験・Webテストに対して万全の対策をするのは不可能**です。

　選考過程の中では最も比重も小さいので、あまりに**多くの労力を費やすことは得策ではありません**。

効率のよい勉強法については、124ページ以降で詳しく解説しますが、ここでは「早めに対策をし、その後は勉強しすぎないように！」と覚えておきましょう。

企業が見たいのは、「人となり」と「基礎学習力」

　筆記試験＆Webテストは、企業ごとに使用する試験の種類が異なります。現在、最も多くの企業で使われているテストは、SPIと言われているので、まずはSPIから対策を行いましょう。

多くの企業で使われている主な試験

> ＳＰＩ：性格と基礎能力の両面を検査。試験方法は、テストセンター（共通会場）、インハウスCBT（企業の会場）、Webテスティング（自宅などで受ける）の３種類。現在、最も多くの企業で使われている。
>
> 玉手箱：知的能力とパーソナリティーの両面を検査。Web上で受験する。
>
> ＧＡＢ：総合適性診断テスト。高い知能を要する業界（総合商社、証券業界）などの総合職用の検査。
>
> ＣＡＢ：コンピュータ職適性診断テスト。コンピュータ職に必要な知的能力やバイタリティ、ストレス耐性などを検査。

SPI対策のための参考書

　書店の資格コーナーにSPIの問題集があります。さまざまなレベルのものがあり、キャリアアカデミーでは次の参考書をレベル別でおすすめしています。

基礎レベル

『主要3方式〈テストセンター・ペーパーテスト・WEBテスティング〉対応 これが本当のSPI3だ！』

編著・SPIノートの会（講談社）

　「SPIノートの会」の参考書は、数あるSPIの参考書の中でも、やさしい内容です。一つひとつの問題についての解説が丁寧なので、SPI初心者や、中学・高校時代に国語や数学があまり得意ではなかった人に向いています。一般職やSPIの得点にあまり重きを置かないような企業を受ける人は、この本で十分です。

応用レベル

『史上最強SPI＆テストセンター超実戦問題集』

著・オフィス海（ナツメ社）

　ナツメ社が発行する参考書は問題量が多く、難易度が高めです。7割程度を解けるようになったら、ほぼどんな会社でも対応できます。難関企業を受ける人は、この本を解けるようにしてください。

　勉強するのが苦手なんだけど……。
　SPIって勉強すれば解ける
　ようになるのかな？

　高校受験・大学受験を経験していない人や、学歴に自信がない人から、「SPIが就活で一番心配です」という声をよく聞き

ます。

　しかし、実態としては、みなさんが恐れているほどSPIは難しくありません。

　問題はパターン化されており、ある程度慣れれば、「またこの問題か」と、スラスラ解けます。

　きっちり取り組めば、心配する必要はありません。まずは対策に取りかかりましょう。

玉手箱、GAB、CAB の対策法

　SPIの対策が終わったら、志望企業が使用しているテストの種類を調べ、それに向けた準備をしましょう。

　企業のテストの種類を調べる際は、就活サイト「ONE CAREER（ワンキャリア）」が便利です。

　余裕があれば、玉手箱やGABなどのテキストを買ってもよいですし、難しいようであれば、最低限、Webサイトで過去問を見ておきましょう。

就活アドバイス

□ 筆記試験 & Web テストの比重は少ないので、時間や労力を費やして勉強をしすぎないように！

2 試験対策は早めに取り組み、終わらせる

「取り組む期間」を最初に決める！

あなたが今、大学3年生なら、この本を読んだらすぐに筆記&Webテスト対策に取り組んでください。2年生なら、3年生になったらすぐに取りかかってください。

参考書の使い方

> 参考書を1冊決めて、3回解きます（目安は3カ月で3回目を終える）。総ページ数を確認し、解き終わる日を決め、「1日5ページ進める」などと逆算してから取り組みます。
>
> ・1回目：最初から最後まで、すべて解く
> ・2回目：1回目に不正解だった問題を再度解く
> ・3回目：2回目も不正解だった問題を解く

3回目を解き終わったら、**参考書は基本的に開かないように**しましょう。

参考書は3回解いて終わり！

筆記試験＆Webテストのために勉強をすることはマイナスにはなりませんが、多くの時間と労力をかけて取り組んだとしても、内定を獲得する確率が、右肩上がりに上がっていくことはありません。

筆記試験＆Webテストも大切ですが、就活には、ほかにも大切なことが山ほどあります。自己分析やESの作成、面接の練習（集団・個人）、企業研究、OB・OG訪問など……しなくてはいけないことがたくさんあります。大学の授業もありますよね。

筆記＆Webテスト対策以外の準備はすべてやり尽くし、余裕があるのなら、参考書を開いて見直しをしてもよいでしょう。ただし、「完璧をめざす」とか「100点を取るために」という目的のために行うのではなく、あくまで問題に対する勘を取り戻したり、時間配分をつかんだり、解けなかったところを見直す程度にしておきましょう。

企業独自の試験を課す場合もある

筆記試験は、SPIや玉手箱などのテストだけでなく、業界によっては、時事問題や雑学的なことを問う企業もあります。また、筆記試験で「業界ならでは」の知識を問う企業もあります。

最もよい対策法は、『日本経済新聞』を購読し、日々、情報を収集することですが、新聞を読み慣れていない就活生にとっては、ハードルが高いようですね。

『日本経済新聞』を読むのが厳しいという人には、『Yahoo!ニュース』アプリをインストールし、**自分が気になる業界をフォローしておくこと**をおすすめします。

たとえば、百貨店業界を志望している人は、「百貨店業界」「三越伊勢丹ホールディングス」などをフォローしておけば、フォローしたテーマのニュースをまとめてチェックできます。

英語力は、なくても問題ない

「筆記試験に英語も含まれるんですよね。勉強はしたほうがいいですか。英語は苦手なんです」。就活生がこんな質問をしてきました。

キャリアアカデミーでは、「英語力はあるに越したことはありませんが、なくても問題ありません」と答えています。

ただ、企業によっては、「TOEIC○○点以上」をボーダーラインに据えているところもあります。

理由は明快。業務でレベルの高い英語力が必要になるからです。たとえば、旅行会社であれば、TOEIC900点レベルの人なら、早い段階から一人で添乗を任せて安心といわれています。

英語の試験がある企業は、英語で時事問題が出題されることも多いです。

語学力不足を情熱とキャラクターでカバー

こんな例もあります。

以前、キャリアアカデミーに在籍していたA君は、学生時代、TOEIC600点レベルでした。しかし、その点数でも旅行会社に採用され、入社後6カ月で海外添乗を任されました。

A君の英語力は高くありませんでしたが、「海外添乗員になりたい！」という強い希望があり、ESなどは完璧に仕上げていました。そうした努力が実ったことに加え、高いコミュニケーション能力や明るく前向きなキャラクターが採用担当者に認

められ、「この会社で伸びてくれそう。一緒に仕事をしてみたい」と思ってもらえたのでしょう。

　英語力はあるに越したことはありませんが、ほかの準備を後回しにしてまで時間を割く必要はありません。

　もちろん、どうしても行きたい企業があり、そこで英語を仕事で使うことが明らかで英語力に自信がないなら、今すぐ勉強をはじめてください。

「今、猛勉強中です！」というアピールも可能

　もし、採用試験の時点で、「英語力が十分でない」と自覚しているなら、採用担当者には、「これから身につけるつもり」だという強い意志を伝えましょう。

　たとえば、「英会話スクールのTOEIC対策講座を受講して、高得点獲得に向け勉強している」と、具体的に行動していることを伝えます。

　「がんばります！」という言葉だけではなく、実際に行動に落とし込んでいることを伝えてください。

　業務で英語が必須の企業であっても、キラリと光るものがあれば、先ほどのA君のように、現状では英語力がさほど高くない人を採用することもあります。

　新卒の採用試験は、学力だけを測る試験ではありません。直接的な言い方をすれば、「その人物が、自社で利益を上げてくれそうな人材かどうか」を判断するための試験です。

　就活は知力、人柄、メンタルなど、あなたの人間性すべてでのぞんでいくものなのです。

意外と狙い目　社団法人・財団法人

　一般社団法人や公益社団法人、一般財団法人や公益財団法人も新卒の求人があります。

　就活生のみなさんも、「日本経済団体連合会（経団連）」や「日本野球機構（NPB）」などの名前は聞いたことがある方が多いと思います。

　こうした法人の中には、土木や建設分野の検定業務や電気製品検査の検査を担う法人もあります。日本各地にある下水道事業を行う法人も、公益財団法人であることが多いです。

　理系の人で、民間企業の技術職や研究職を狙っている人は、自分の得意分野を軸に少し視点を変えて、大学で身につけた理系の専門性や技術との親和性が高い法人を探してみてはいかがでしょうか。

　文系の人も、事務職や総合職を募集している社団法人・財団法人がたくさんあります。業界団体などでは、広報や研修の仕事など、人気のある業務もあります。業務の種類も多岐にわたっていますから、自分の興味や特性を生かせるところが見つかるかもしれません。ぜひ調べてみてください。

職種は多岐にわたるのでいろいろと探してみよう！

第 **6** 章

グループ
ディスカッションは
戦略的にのぞもう

グループディスカッションは、会社の会議を想定した議論です。単に会話を盛り上げればよいわけではありません。第6章では、実際のグループディスカッションの流れ、進め方のコツ、評価されるポイントをお伝えします。

グループディスカッションは
会社の会議を想定

　企業で行われる会議には、大きく分けて2種類あります。

　定例会議のような報告系のものと解決策を見い出すような戦略系のものです。採用試験で取り入れられているグループディスカッションが想定しているのは、後者の戦略系会議です。そのため、グループディスカッションのお題として与えられるのは、実際の会議で扱われるようなテーマです。

例)

「商品の販売数を2倍にする方法を考えてください」

「残業時間を減らすための施策を考えてください」

　グループディスカッションは、誰かを論破することが目的ではありません。「正解を言った人が勝ち」ではなく、参加メンバーが協力しながら、課題を解決する方策を話し合ったり、新たな事業のヒントを探したり、結論を導き出すことが目的です。

さまざまな人とのディスカッションに
慣れておく

　グループディスカッションで、自分と同じグループになるメンバーは、当日、選考会場に行かないとわかりません。

　メンバーには、文系の学生もいれば、理系の学生もいます。普段、一緒に授業を受けている大学の仲間たちとは雰囲気が異

なり、発想の仕方も全然違うと感じるかもしれません。

当日の雰囲気が想定しにくいため、採用担当者にとっては、就活生の素の状態や本音をキャッチしやすく、観察するには絶好の機会です。

就活生のみなさんは、試験本番のメンバーにどんな個性の持ち主がいても、ディスカッションがどんな展開になっても対応できるように準備しておきましょう。

グループディスカッションの対策で大切なことは、何よりも実践です。繰り返し練習をすることです。

練習をするときには、毎回違ったメンバーで行ってください。普段、よく話をしているような仲良しメンバーとばかり練習していると、ワンパターンになりがちです。

必ずしも「正論」がよいわけではない

キャリアアカデミーでは、受講生がグループディスカッションの練習をする機会があります。その際は、理系や文系など、さまざまな専攻分野の学生が混ざって、本番に近い環境で練習します。

グループディスカッションの様子を見ていると、論破することが目的になっている「クラッシャー」と呼ばれる人が、しばしば現れます。

クラッシャーは、ほかのメンバーの意見に耳を傾けようとせず、自分の意見ばかりを通そうとします。

繰り返しになりますが、グループディスカッションは、結論が正しいかどうかだけを評価したり、議論での勝ち負けを競う

ものではありません。

　結論は必要ですが、ほかの人の意見を端から却下したり、強固に自分の意見だけを押し通せば、建設的な話し合いにならず、ディスカッションそのものが崩壊してしまいます。

> **もし、クラッシャーがいたら、
> そのグループの評価は低くなるの？**

　クラッシャーによって議論が台無しになりそうだからといって落胆する必要はありません。むしろ、自分の価値をアピールするチャンスだと考えましょう。

　凍りついた場の雰囲気をなごやかなムードに持っていけるような働きかけをしてみましょう。そうした振る舞いは、「あの学生、場をなごやかにしようとがんばっていたね」という好評価につながることもあります。

【クラッシャーへの対応例】

> **「○○さん（クラッシャーの名前）は、
> 〜というふうに考えてるんですね。□□さん
> （別のメンバー）はいかがでしょうか？」**

　クラッシャーの意見を受けとめてから、さりげなく、ほかの人に話を振るのがポイントです！

2 グループディスカッションの基本

グループディスカッションの流れ

一般的なグループディスカッションの流れは次の通りです。

①テーマが出題される
②自己紹介
③役割分担
④定義付け
⑤アイデア出し
⑥まとめと発表

グループの人数は 5、6 人が多いです。場合によっては 10 人ぐらいのときもあります。

ディスカッションの制限時間は企業によって幅があり、15 分の場合もあれば、1 時間の場合もあります。

それでは、流れを①から⑥まで見ていきましょう。

①テーマが出題される

最初にテーマが出されますが、いくつかの型があり、その型によってディスカッションの進め方やまとめ方が異なります。

よく出ているのは、次の 3 つの型です。

自由討論型

答えがないテーマについて自由に話し合うものです。比較的自由に意見を言い合えるので、議論が盛り上がりやすいです。

テーマ例

> 「理想の上司とは」
> 「この班にとっての幸せとは」
> 「子どもにさせるスポーツは何がいいか」

課題解決型

実際に会社の戦略会議で話し合われるようなテーマです。前提を踏まえて現状を変化させるためにどうすべきかを議論し、最後に解決策を考え出します。仕事に直結する、実践的なディスカッションです。

テーマ例

> 「学生の多い町での出店戦略」
> 「満員電車の混雑を緩和する方法」
> 「オリンピックで日本人の金メダルを増やす方法」

選択型

課題について、2つの案から1つを選びます。それぞれの案のメリットとデメリットを考えることで、建設的な話し合いができます。グループ内で、賛成派と反対派に分かれて議論を行う場合もあります。

テーマ例

「住むなら都会がいいか、田舎がいいか」
「死刑制度に、賛成か反対か」

②自己紹介

一人ずつ大学名と学部、氏名を言います。自己紹介だからといって、趣味や最近はまっていることなどを言う必要はありません。時間に制限があるため、簡潔に答えましょう。

○ 「早稲田大学商学部の就活太郎です」
× 「早稲田大学商学部の就活太郎です。趣味は飼い犬と
　遊ぶことです。緊張していますが、よろしくお願い
　いたします」

③役割分担

効率よくディスカッションを進めるために、「司会」「書記」「タイムキーパー」の３つの役割を決めることが多いです。

司会(リーダー)

自己紹介が終わったら議論の口火を切り、議論の進行にしたがい、一人の発言をより深めるための質問をします。ときには発言の少ないメンバーに話を振り、議論を活性化する役割も果たします。全体の流れを把握しながら臨機応変に対応することが求められます。

書記

　ホワイトボードや模造紙に、その場で出た意見を書き出していきます。それぞれの意見のポイントをつかみ、簡潔な言葉で、メンバーがわかりやすいように書いていきます。

　書き出した内容は、司会（リーダー）が、話し合いの流れを整理したり、新たな投げかけをするために用いられます。

　書記が「現時点で出ている意見は３つあります。その中から○○についてさらに議論を深めていきませんか？」などと提案し、書記自身が主導権を握ることも可能です。

タイムキーパー

　時間を管理する役割です。最低限の役割は、「あと○分です」と残り時間を伝えることです。

　しかし、ただ残り時間を伝えているだけでは、評価ポイントにはなりません。「終了まで○分なので、残りの時間で××と△△について話し合いませんか？」などと、「時間を武器に、裏で議論を操る」くらいの意識でのぞみましょう。

> 書記やタイムキーパーも
> どんどん提案してみよう！

	リーダー		
望ましい行動	・話し合いの方向性が正しいか、チームメンバーに確認しながら進めていく		
NG行動	・メンバーが納得していないのに、話を進めていく		
発言例	「現在、〜というところまで話し合っていて、これから3分ぐらいで〜について話し合おうと思いますが、いかがでしょうか」		

	書記		
望ましい行動	・メンバーが見やすいように大きな文字でメモをとる ・すばやくメモをとり、自分も意見を言う ・太めのペンでメモをとる ・メモをとりながら、アイデアの共通点を探し、提言する		
NG行動	・書くことに夢中になり、話さない ・字が汚く、みんなが読めない		
発言例	「今のところ4つアイデアが出ていますが、A案とC案が似ているので、この2つの案について話し合うのはいかがでしょうか」		

	タイムキーパー		
望ましい行動	・議論のはじめに時間配分を提案する ・時間配分の節目で声かけをする		
NG行動	・時間を伝えるのを忘れる ・スマートフォンのアラーム機能を使う（腕時計で時間を計るのが基本）		
発言例	「テーマの定義について3分、アイデア出しで7分、まとめで5分とるのはいかがでしょうか」 「残り3分なので、まとめに移りましょう」		

	全員		
望ましい行動	・口火を切る ・話していない人に話を振る ・議論のおおまかな流れをイメージする ・メンバーの意見をしっかりと聞く		
NG行動	・自分の意見を押し通そうとする ・笑顔がない ・声が小さい		
発言例	「○○さんは、どのように考えますか」		

④定義付け

　テーマについてアイデア出しを行う前に、「定義付け」を行う必要があります。定義付けは「曖昧な言葉に対して、チームで共通認識を持つため」に行います。

　たとえば、テーマが「街に子どもを増やすには？」の場合、定義付けを行うキーワードは、次の3つが考えられます。

　　「街」……どの街か。新宿のような大都会と、札幌のような
　　　　　　地方都市では子どもを増やす方法が異なる。
　　「子ども」……何歳から何歳までを子どもとするか。
　　「増やす」……昼間の人口（訪れる人）を増やすか、夜間人
　　　　　　　　口（住む人）を増やすか。

⑤アイデア出し

　定義付けをもとに、具体的なアイデアを出していきます。先ほどの「街に子どもを増やすには？」の例を使ってみましょう。

テーマ
「街に子どもを増やすには？」
定義付け
「街」　　→ 渋谷
「子ども」→ 小学生
「増やす」→ 昼間人口を増やす
定義付け後のテーマ
「渋谷に小学生が来るには？」

　考え方としては、まず「現状がどうなっているのか」について議論します。「いま、どうして小学生が渋谷に来ていないの

かな？」と考えてみると、具体的なアイデアが出しやすくなります。

例）

・渋谷は治安がよくない。小学生にとっては誘惑が多く危ない

→小学生同士で訪れるのではなく、親子で訪れたくなるような仕掛けをする？

・小学生にとっては、魅力的に感じられるものがない

→小学生は何を魅力に感じるか？　ポケモン？　ニンテンドースイッチ？

⑥ まとめと発表

制限時間の終わりに近づいてきたら、グループとしての結論を確認し合います。その後、発表者を1名決めて、1〜3分間くらいで結論を発表します。

発表者は、議論の流れを仕切る役割だった司会（リーダー）か書記が行うことが多いようですが、この2名のどちらかがやらなければいけないという決まりがあるわけではありません。

もし、役割を担当せず、ディスカッション中にあまり発言ができなかった……と思うなら、最後の発表を担当し、挽回するのも手です。

就活アドバイス

□ ディスカッションは、論破することが目的ではない！
□ テーマの出題パターン(型)を押さえておこう

グループ ディスカッション 実況中継

実際のディスカッションを見てみよう

　ここでは例として、キャリアアカデミーの受講生によるグループディスカッションを紹介します。

テーマ	「結婚するときに必要なのは、お金か愛か？」
参加者	4名（A君、B君、Cさん、Dさん）
制限時間	20分

―ディスカッション開始―

A君　「まずリーダーを決めましょうか？　誰かやりたい方はいますか？」

B君、Cさん、Dさん　「……」

 Bad!

積極性がほしいです！
間はなるべく空けないようにしてください

B君　「じゃあ私がやります」

Cさん　「それでは、私はタイムキーパーをやります」

A君	「それじゃあ、僕は書記をやります」
B君	「まず、時間配分を決めましょうか」
A君	「序盤5分でお題に対してイメージを共有する、次の12分で議論を深める、最後の3分で発表の準備をするのはいかがでしょう」
Cさん、Dさん	「いいと思います」
A君	「まず、誰が結婚する場合の話なのか、定義したほうがいいと思います。20代、30代と40代ではそれぞれ結婚する目的が変わってくると思います」

Good!

**ディスカッションの早い段階で
定義付けするのは良いです!**

Dさん	「20代で結婚する人は、子どもが欲しいから結婚するのではないでしょうか」
Cさん	「それでは30代の人はどうでしょうか」
A君	「30代の人も子どもが欲しいから結婚すると思います。20代の人より子どもが欲しい強い思い入れがあるかもしれないです」
B君	「40代の人も子どもが欲しいから結婚するかもしれないです」
Dさん	「うーん、どの年代の人も子どもが欲しいから、という理由で結婚しそうですね」
Cさん	「今回は、私たちと同じ年代の20代で考えてみるのはどうでしょうか」

B君	「いいと思います」
A君	「それでは、20代が結婚するときに必要なのは愛かお金か、という話になりますね。そもそも結婚する目的は何だと思いますか」
Dさん	「先ほどから話しているように、子どもが欲しいからではないでしょうか」
Cさん	「子どもはいらないけど、結婚する人もいると思います」
A君	「でも、一般的には、子どもが欲しいから結婚する人が多いのではないでしょうか。20代は特に」
B君	「子どもが欲しいから結婚するという場合、お金は相当かかると思います」
Dさん	「子ども1人につき、大学卒業までに平均2,000万円かかると言われていますよね」

具体的な数値があるのは、わかりやすいです！

A君	「20代の親は、子どもは1人だけでいいとはあまり思わない気がします。2人欲しいと思う人が一般的だと思います」
B君	「今回は子どもが2人欲しい仮定でいきましょうか。みなさんよろしいですか」

A君、Cさん、Dさん　「はい」

Cさん　「大学卒業まで子ども2人に4,000万円かかるとすると、お金は結婚するうえで外せない要素になりますね」

Dさん　「愛だけだと厳しいですね」

A君　「となると、今の時点では愛よりお金寄りですね。今度は、お金より愛が大切な理由も考えてみましょうか」

B君　「そもそも愛とは何でしょうか」

A君　「好き、という気持ちですかね」

B君　「なんだか抽象的ですね」

Cさん　「やはり、お互いを信頼する気持ちを愛と言うのではないでしょうか」

Dさん　「たしかに。お互いを信頼する気持ちがないと結婚している意味がないと思います。お金だけあっても愛がなければ、むなしいです」

A君　「それでは、信頼とお金はどちらが大事でしょうか」

Cさん　「愛があってもお金がなければ、信頼も崩れてしまうと思います」

B君　「そうですね、愛はお金で築けるものだと思います 」

 Not good

価値観が前面に出ており、面接官によってはマイナスにとる可能性がある発言です

Dさん　「うーん、本当にそうですかね？ お金があっても幸せではない人もいるような気がしますが……」

 Good!

意見の主張は良いです！ ただしBさんを否定しないように、声のトーンには注意を！

Cさん　「残り３分です 」

 Good!

「残り10分」、「残り５分」の声かけもできると良いです

A君　「そろそろ結論を出さないといけないですね」
B君　「結局、愛とお金、どっちにしましょうか」
Cさん　「話の流れ的には、お金ですかね。Dさん、いかがですか」
Dさん　「時間も時間ですし、お金でいいと思います」

Cさん 「誰が発表しましょうか」

A君 「ここはリーダーに頼みましょうか 」

 Bad!

他人まかせに見えてしまうかも。自主的に引き受けるほうが良いです！

B君 「わかりました。すいません、結局どういうふうな結論になったんでしたっけ 」

 Bad!

**「○○という認識であっていますか」と
スマートにまとめて確認できると良いです**

A君 「それでは、話し合ったことをまとめます。20代が結婚するのは、子どもが欲しいから。子どもを2人持つなら、4,000万円程度必要。それ以外にも、生活していくためにはお金が必要。お金がないと生活できないリスクがある。また、愛はお金で築くことができる」

Dさん 「いいと思います」

―ディスカッション終了―

B君 「僕たちのグループでは、結婚する際に必要なのは、愛よりお金という結論になりました。 僕たちのグル

ープでは、20代の結婚について考えました。20代が結婚する目的は、子どもが欲しいからだと考えました。子どもを育てるには、1人約2,000万円がかかります。そのほか、生活するにはたくさんお金がかかります。お金がなければ、信頼を築けない、愛もなくなると考え、この結論にいたりました」（発表1分30秒）

 Good!

結論から述べられていて良いです！

総評

- 2つのうちのどちらかを選択する場合は、それぞれのメリット・デメリットを挙げ、比較すると論理的に説明ができます（今回のテーマでは、「愛があってお金がない場合」と「お金があって愛がない場合」のメリット・デメリット）。

- 一般的な結論に落ち着いたので、このグループらしい議論をするために、「結婚の目的は子ども」ではなく別の目的にしてみても良かったかもしれません。

- A君は書記でしたが、実質的にはリーダー役でした。タイムスケジュールや定義付けの提案が良かったです。

- タイムキーパーのCさんは、残り時間を伝えるだけでなく、「残り○分なので、そろそろまとめましょう」という議論を引っ張る発言ができれば、なお良かったです。

- Dさんは、「本当にお金が愛より大切なのか」などと問題提起をする姿勢が良かったです。議論の終盤ではなく、序盤で問題提起ができれば、さらに良かったです。

4 評価のポイントと対策

個人とグループの両方で高得点をめざす

グループディスカッションでは、個人としてもグループとしても高く評価されることをめざしましょう。

自身の価値をアピールしつつ、グループメンバーが活発に意見を言い合い、それぞれが何らかの役割を果たせるように意識しましょう。採用担当者から「あのグループは、なかなか盛り上がっていたな」という感想を引き出せれば、グループ全体の評価が高くなります。

一方、話し合いとしてはうまくまとまらなかったとしても、別の視点を取り入れるために、ほかのメンバーに発言をうながしたり、全体のことを考えて建設的な意見を述べたりすれば、
「あの学生、けっこう輝いていたね」
「諦めない姿勢がいいね」
という個人としての高評価につながります。

ほかのメンバーの良い点を見つけ伝えることも評価ポイント

グループディスカッションは、参加者の発言が互いに影響し合い、思わぬタイミングで、議論の方向が一気に変わってしまうこともあります。先が見えず、最後まで気が抜けない緊張を強いられる場です。

「ほかの人よりもたくさん話さなきゃ」「みんなより、良いア

イデアを発言しなくては」などと、ほかのメンバーに勝つことばかり考えてはいけません。

ほかのメンバーの魅力を引き出しつつ、自分の意見を伝えていく姿勢が大切です。

たとえば、こんな行動は、高評価のポイントです。

・相手の意見を良いと思った
→「いいですね」と相手に伝える
・相手の意見をもとに議論を発展させていく
→「〇〇さんの〜という意見についてもう少し話してみませんか」と伝える
・相手の意見がよくわからなかった
→「すみません、もう少し詳しく説明してもらってもいいですか」と聞く
・発言が少ない人にも、意見を聞いてみる
→「〇〇さんは、この意見に賛成ですか、反対ですか」と発言をうながす

実際に会社で働くようになるとわかりますが、真っ正面から上司に正論を主張するよりも、上司を立てながら控えめに言いたいことを伝えたほうが、結局は自分の主張も通り、自分の評価も高まることがあります。会社とは、そんな複雑なパワーバランスで成り立っています。

企業の採用担当者は、自社の文化の中で適切に振る舞い、成果を上げてくれそうな新人を求めています。グループディスカッションでは、そうしたバランス感覚を見られています。

自分と異なる属性の人と練習しよう

　グループディスカッションの対策は、何度も練習をすることにつきます。

　ただし、相手は誰でもよいというわけではありません。仲のよい友人同士で練習しても、同じ方向に議論が流れがちですし、緊張感も足りません。

　本番のグループディスカッションでは、文系、理系、大学院生など、属性の異なるさまざまな学生がメンバー内にいるかもしれません。ですから、**練習でも、初対面の人が多くなるような機会を見つけて参加しましょう。**メンバーには、専攻の領域が異なる学生がいるのはもちろん、帰国子女、浪人や留年の経験者など、異なる年齢の人が混ざっているのもいいですね。

　大学の就職課で主催する「グループディスカッション対策講座」などには積極的に参加するようにしましょう。

　たとえば、「DEiBA Company（デアイバカンパニー）」のサービスで、グループディスカッション形式のスカウト型イベントが良いという話を聞きます。グループディスカッションに力を入れたい学生は、応募してもよいかもしれません。

３つの役割を何度も経験しよう

　グループディスカッションは、司会、書記、タイムキーパーの３つの役割を決めて行うケースが多いと述べました。練習の際も、この３つの役割を積極的に経験しておきましょう。

　司会を務めると、議論の運営の難しさがわかりますし、役職のないメンバーとして参加するときとは、見える世界が異なることに気づくはずです。

書記も、ただ発言を書いていればよいというわけではありません。簡潔にわかりやすく書くことがいかに難しいか、実感できるでしょう。

タイムキーパーは、意見を言うのに集中して時間を計り忘れる、あるいはその逆に、意見を言うのを忘れてしまうこともあります。

それぞれの役割を経験すれば、相手の立場を想像しやすくなります。3つの役割をこなすコツをつかめれば、グループディスカッションに、さらに前向きにのぞめるでしょう。

「発言が苦手な人」に知っておいてほしいこと

グループディスカッションでは、意見を言うことは基本中の基本です。発言がないと、評価の対象になりません。たとえ発言することが苦手でも、黙っていては、議論を通してあなたの人格を示すことができません。

発言の苦手な人は、共感できる意見が出たら「同意」の意志を表明するようにしましょう。

「〇〇さんの意見、私も同じように考えていました。とてもいいと思います」あるいは、「AさんとBさんはこう言っています。Cさんの意見を聞かせてくれませんか」と言って、話をほかの人に振るのもいいでしょう。

どちらの発言にも、**議論を活性化し、場の雰囲気を盛り上げる効果が期待できる**ので、評価される発言です。

短時間で考えをまとめ、人より先んじて発言することが苦手な人は、**自分の意見を無理に言うのではなく、意見を言う人をサポートすれば**よいでしょう。

「あの子、発言数はあまり多くないけど、話のポイントをちゃんとつかんでるね」
「発言していないメンバーにも話を振っていて、全体の流れを見て機転をきかせていたね」

そんな高評価がもらえます。
　発言の苦手な人でも、戦略をもってのぞめばグループディスカッションで勝つ可能性がぐんと高まります。

司会、書記、タイムキーパー、「お得」なのは？

　キャリアアカデミーでグループディスカッションの練習をすると、必ず聞かれる質問があります。

「役割は、何かやったほうが評価されやすいですか」
「自分から役割に立候補しないと、その時点で減点の対象になりますか」
「司会と書記とタイムキーパーでは、どれが一番、有利なのでしょうか」

　結論からいえば、役割の有無だけで加点されたり、減点されることはありません。
　大切なのは、役割があってもなくても、**そのディスカッションに意欲的に参加し、建設的に議論を活性化しようという姿勢があるかどうか**です。
　役割はどうあれ、そんな姿勢が感じられる振る舞いや発言ができれば、役割の有無は大きな問題ではありません。

3つの役割を担当しなくても、人によっては、場を引っ張る積極性が表れたり、サポート的な働きを見せたり、場をなごませる存在として評価を受けます。

グループディスカッションでの「NGポイント」

　最後に、グループディスカッションにおいて、マイナス評価を受ける可能性のあるポイントをお伝えします。普段の練習のときから気をつけてください。

①相手の意見を否定する

　グループディスカッションは議論で勝つことが目的ではありません。相手の意見を否定して自分の考えを主張するのはご法度中のご法度です。特に日系の大企業では、協調性が重視されます。もし、あなた以外のメンバーが明らかに良くない案を強引に押し通そうとする場合は、「○○さんはこう考えるのですね。ほかの方はいかがでしょうか」と、意見を否定せずに、ほかのメンバーから意見を引き出すとよいでしょう。

②ほかの人の話をさえぎる

　ほかの人が話しているときは、しっかりその人のほうを見て、うなずき、「聞く姿勢」で参加しましょう。自分の意見を発表することにこだわって、ほかの人が話しているのをさえぎるのはよくありません。

③自分の役割を果たさない

　役割を担当したら、きちんとその役割を果たしましょう。
　タイムキーパーは時間を計る、書記は議論のポイントや重要

ワードを書き出すなど、割り振られた仕事は責任を持ってやり遂げなければ、マイナス評価を受けます。

④役割しか果たさない

　書記、タイムキーパーなどの役割になったら、それだけしか行わないのもよくありません。書記は、議論のポイントや流れを把握できるというメリットがあります。それを生かし、適切なタイミングで議論の経過を共有するといった行動をとれば、高い評価につなげられます。タイムキーパーも同様です。議論が混迷しているときに「時間」という武器を使って、流れをいったんリセットできる役得があります。その特性を活用しない手はありません。

⑤時間内に終わらない

　ディスカッション開始時に、企業から「ディスカッション20分、まとめ1分」というような時間配分を指示されます。しかし、中には、議論に夢中になりすぎて、まとめる段階までいけないグループもあります。

　限られた時間でチームとしての最善の成果を見せることもグループディスカッションでの評価ポイントです。必ず時間内に終わらせましょう。

⑥チームとしての結論を出さない

　たとえば「100万円を、旅行か貯金どちらに使うか」「結婚するとき、お金と愛情どちらが大切か」など「どちらかを選ぶ」形式の課題が出されたら、必ずどちらかひとつを選んで結論としましょう。こうした課題は唯一絶対の正解を求めているもの

ではありません。大切なのは、チームとしての意見をまとめて示すことです。「貯金に30%、旅行に70%」「お金も愛情も大事」といった結論はNGです。

⑦ずっと黙っている

発言しなければ、評価のしようがありません。

企業の人が見ている前で、初めて会う人と、そこで初めて示された課題について話し合うことは緊張をともないます。うまく考えがまとまらないのはわかります。

しかし、「そうですね」「その考えに私も賛成します」など、ほかの人の意見に対する反応はできるはずです。あとは練習あるのみです！

⑧リーダー未経験なのにリーダーに立候補

就活生に多い誤解のひとつが「リーダーを担当すると評価が高い」というものです。

リーダー経験がない人がリーダーを担当すると議論がスムーズに進まず、チームに不穏な雰囲気が漂ってしまうリスクがあります。

学級委員、サークル長、ゼミ長、部長など、たとえ少人数であっても、何らかのグループのリーダーを経験したことがある人なら、リーダーに立候補してよいでしょう。

繰り返しになりますが、役割を担当したら、その役割を果たす責任があります。さらに、その役割だけにこだわりすぎず、自分の個性をできる限りアピールして、評価を高めましょう。

第 **7** 章

内定を勝ち取る
面接のルール

面接では「自分をよく見せよう」という思いから、事実を誇張して話してしまいがち……。「盛る」のではなく、「相手ファースト」を意識しながら等身大の自分を誠実に伝え、内定を勝ち取りましょう。

1 「相手ファースト」を意識する

初めは、結論。次に、理由やエピソード

エントリーシート（ES）と同じように、面接も、**まず結論**から述べ、**次に理由や裏付けの事実（エピソード）**を話していきましょう。

まず、結論から話す！

面接官は、朝から晩まで1日に何十人もの学生を相手にしています。当然、疲れますし、話に飽きます。起承転結が見通せないダラダラとした話をされても、印象に残りません。

これは、就職の面接に限ったことではありません。

社会人になると、上司に報告をし、会議で意見を求められます。営業として客先で打ち合わせをすることもあるでしょう。

いずれのケースも、主役は上司やお客様であり、自分ではありません。あなたは、「相手が求めること・知りたいこと」に対して、簡潔に説得力をもって答えなくてはいけません。

面接においても、仕事においても、「相手ファースト」で話すことが重要です。

「相手が知りたいこと」を先に話す

仕事をしていると、こんな場面がよくあります。

あなたは上司から「取引先A社から受注できた金額は？」と聞かれました。目標額は1,500万円ですが、現在の売上は1,100万円です。あなたはまだ目標額をクリアしていません。このとき、あなたは、どのように返事をしますか？

Before

> 「実は、先週体調を崩してしまい、先方の企業を訪問できない期間がありまして……さらに今週は、先方の担当者の出張が続いており、なかなかアポが取れず……」

 Bad!

> **言い訳はNGです！**

上司が最も知りたがっているのは「金額」です。「①問いに対する簡潔な答え（金額）」「②目標を達成できていない理由と今後の改善案」という順序で報告するのが適切です。

After

> 「①目標額の1,500万円に対し、現在のところ1,100万円です。②未達の理由としては、先週、私が体調を崩してしまい、先方を訪問できなかったことが挙げられます。未達をふまえ………」

ビジネスでは、あらゆる場面で効率を求められます。「話が簡潔でわかりやすい」ということも、効率化を実現するスキルのひとつです。

企業は、「一緒に働くのにふさわしい人材かどうか」を判断するために面接をしています。「この学生の話は、わかりやすいな」という印象を持ってもらえれば、面接で一歩リードできます。

続いて、具体例も見ていきましょう。

面接の質問例
「自己 PR をお願いします」

Before

「私は、小学生から剣道を続けてきました。中学生のときのコーチは非常に厳しく、部員は半分以上が辞めてしまうほどでした。私はそんな中でも粘り強く部活に取り組みました。部活で培った根性は誰にも負けません」

 Bad!

「自己 PR」に対する答えになっていません！
長く続けた経験を話すときは「いつからいつまで〇年続けた」と表現するとわかりやすいです

After

「物事に粘り強く取り組む根性があります。小学校１年生から高校３年生まで１２年間剣道に取り組みました。決して器用なほうではなかったため、ほかの人との差を埋めるために、毎日２時間、自主練習に取り組みました」

○ Good!

相手が聞きたいことが簡潔に述べられていて良いです。社会人になっても、コツコツ仕事に取り組みそうなイメージがわきます！

面接の質問例
「自分を色に例えると何色ですか？」

Before

「私は、ほかの人の気持ちを汲んで、ほかの人に合わせた行動ができます。どんな人ともうまくやっていけるところから、私を色に例えると白だと思います」

✖ Bad!

「色は？」に対する返答を先に言いましょう。また、他人の気持ちを汲むことはそんなに簡単なことではないのに、「気持ちを汲んだ行動ができる」「うまくやっていける」と言い切ってしまうのは乱暴な印象です。

After

「白です。今まで、他者の気持ちを汲んだ行動を心がけて
おり、白はどんな色とも相性がよいからです。一方、自分
の意見を伝えることに苦手意識があり、これから改善して
いきたいと考えています」

 Good!

質問に対する答えが先に述べられ、
簡潔にまとまっていてわかりやすいです！

就活アドバイス

□「相手ファースト」を心がける
□「相手が知りたいことは何か」を考える

面接の鉄則2

誠実にのぞむ

百戦錬磨の社会人に、ウソは通用しない

　面接で、多くの就活生がやってしまいがちなのが、「話を盛ること」です。2、3倍の売上を5倍と言ってみたり、100人の動員数を300人と言ってみたり、2週間の留学を2カ月と言ってみたり……。「普段、見られているわけじゃないから、嘘をついてもバレるはずがない」と思っているとしたら、それは大間違い。

　面接担当者は、あなたよりも長く生きている現役の社会人です。就活生はもちろん、職場の同僚や上司、取引先やお客様など、日々、さまざまな人たちに会い、あらゆる側面を見てきている強者です。

　5分程度の面接であっても、ある程度の人柄を判断する嗅覚が備わっています。

「百戦錬磨」の相手に対して、就活生が「話を盛る（＝嘘をつく）」のは得策ではありません。

「自分は未熟者であること」を自覚して、誠実に、前向きな未来を語るほうが好意的に受け入れてもらえます。

　面接官は、良い話を聞きたいわけではありません。あなたのことを知りたいのです。話を盛る必要はありません。

　面接には、**誠実に、正直に**のぞみましょう。

面接の質問例
「学生時代にがんばったことを教えてください」

「学生時代にがんばったことは、アパレルの販売のアルバイトで個人の売上を5倍に伸ばしたことです」

 Bad!

面接官は「売上を5倍にしたのは、本当かな」と感じる可能性が高いです。何と何を比較して5倍になったのか、明確に伝えるようにしましょう。たとえば、雨の日と晴れの日や、平日と休日を比べれば5倍になるかもしれませんが、それは個人の努力の結果ではありません。例文のように「5倍に伸ばした」と伝えるのであれば、面接官が納得するような努力の過程も話すようにしましょう。

「アパレルの販売のアルバイトで、個人の売上を伸ばすために試行錯誤したことです」

 Good!

数値で表せる成果は、あれば話したほうがよいですが、なくても問題ありません。話を「盛った」としても、質問を受ければバレてしまいます。無理に着飾る必要はありません。

3 面接の鉄則 3
結論から話す

話す内容の順番を決めておこう

　面接官に興味を持って話を聞いてもらうためには、**順序立てて話すことが大切**です。「順序立てて」というのは、きっかけや背景などを「時系列で話す」ことではありません。

「順序立てて」というのは、**冒頭に「結論（事実）」を述べ、なぜなら〜、たとえば〜と、結論を証拠づける事柄（エビデンス）を付け加えていくこと**です。

> たとえば〜
> なぜなら〜

ポイントは「事実」→「証拠」という流れ

「事実」→「証拠」の順番で話していくと、「どうしてそうなるの？」という論理の飛躍が起こらず、話を聞く側も楽に理解できます。

　面接の具体例で、良い例と悪い例を見てみましょう。

面接の質問例
「学生時代にがんばったことはなんですか？」

〈良い例〉
①「平日の早朝５時からのコンビニエンスストアでのアルバイトです」
②「アルバイトを通して、周囲に気を配り、すばやく対応することの大切さを学びました」
③「特に意識して行ったのは、レジでのすばやい会計処理と、常に軽食の棚に商品がそろっているように気を配ることです」
④「なぜなら、その時間帯は、出勤前の社会人や通学途中の高校生など、急いでいるお客様がたくさん訪れ、朝食用に軽食を買い物されることが多いからです」
⑤「その意識で２カ月アルバイトを続けた頃には、常連のお客様と顔なじみになり、『いつもレジを早く済ませてくれて助かるよ』と声をかけていただけるようになりました」
⑥「店長からも『楽しそうに仕事をしているね』と接客を褒められ、時給も少し上げていただきました」

①──「質問に対する事実としての回答」
②──「何を学んだか」
③④─「その状況説明」
⑤⑥─「成果として何を得られたか」

このように順序立てて話をすると、話の筋が通っているので、スムーズに理解できます。

〈悪い例〉
①「わたしは居酒屋のバイトで一生懸命がんばりました。その結果、売上が 1.5 倍になりました」
②「お客様がいらしたら、必ず大きな声で挨拶し、空いたお皿はすばやく片付けました」
③「そうしたことを意識してがんばったところ、売上が伸びました」

①③―「質問に対する事実としての回答」
①③―「成果として何を得られたか」
②――「その状況説明」

　この例では、まず、「回答」と「成果」を話し、それから「その状況説明」を話しています。「何を学んだか」については、ふれられていません。

　大きな声でお客様に挨拶したこと、空いたお皿をすばやく片付けたことは、偽りのない事実でしょうし、本人はがんばったのだと思います。

　けれども、店員が大きな声でお客様に挨拶をするのは、当たり前のことのような気もしますよね。

　そして、「成果」として語っている「1.5 倍」という数値については、何と比較して「1.5 倍」であるのか言及されておらず、

信頼性に欠ける印象を受けます。

　また、何十人もいるアルバイトのうちの一人が「一生懸命がんばった」という理由で、売上が1.5倍になったとも考えにくく、話を聞いている側は「盛っているのかな？」と考えてしまいます。

「売上1.5倍」が立派なだけに、それを支える証拠が弱いのが致命傷となり、腑に落ちない話になってしまっています。

　こうした論理の矛盾が生じないようにするには、話したいテーマの因果関係を明確にして、きちんと整理しておくことです。いったん話したいことを書き出して、**「事実→証拠」の流れになるように構成**してみるのもよいでしょう。

　　　　事実→証拠の流れが重要！

「自分が何をしたいのか」を明確にしよう

　面接は、「自分が何をしたいのか（意思）」を伝える場でもあります。

「意思を伝える」とは、自分の考え方や志向を、事実（行動）や理由を示して伝えることです。

　しかし、意思を伝えることは、面接本番でいきなりできるものではありません。日常から意識して実践し、訓練することが大切です。

　たとえば、普段の学生生活で、こんな場面がよくあると思い

ます。

　──急遽、授業が休講になり、空き時間ができてしまった。友達も一緒だ。どう過ごそうか？

　あなたならどうしますか？

　よくあるのは、とりあえずカフェテリアに行き、空いた席を見つけて、そのままダラダラとおしゃべり……というパターンでしょうか。

　しかし、このとき、あなたの「意思」が明確になっていて、「今、自分が最優先でやるべきことは何か？」を認識していたなら、違う行動を起こしていたかもしれませんね。

意思が明確な場合の行動例

意思		行動
資格試験の準備をしたい	→	大学生協で参考書を探す
ゼミの発表で評価されたい	→	図書館で入念な発表準備

　もちろん、「なんとなく」で過ごす日常生活も悪くはありません。友人とリラックスしておしゃべりしている中で、かけがえのないものを得られることもあります。

　しかし、**「自分の意思」**を繰り返し問われる**「就活」**というイベントが待ち受けているのなら、**自分の意思を行動に合致させる習慣**を身につけることをおすすめします。

日常生活で、論理的思考を鍛える

　先ほどの面接の悪い例は、根拠に欠け、話の信ぴょう性が疑わしいものでした。

　このように、話を聞いている人が「納得できない！」と感じるのは、論理の矛盾が生じているからです。

　社会人でも、話が上手い人と下手な人がいますが、その違いは、論理的思考をしているかどうかです。論理的に考えられた話は、聞き手の頭にもスッと入ってきます。そして、話し手が意図した通りに、正確に伝わります。

「論理的に考え、論理的に行動すること」は、日々の生活で鍛えることができます。ちょっと意識するだけで、習慣にできます。

　その方法をひとつ教えますので、ぜひ、みなさんもやってみてください。

論理的思考 Lesson 論理的に「ランチ」を考えてみよう

　お昼どき、なんとなく友人と学食に行き、なんとなく目に入ったA定食を選んだり、友達が選んだメニューを「じゃ、私も」と選んでみたりすることはありますよね。

　論理的思考を取り入れると、こうしたささいなシチュエーションにおいても、「自分は何を食べたいのか？」「その目的は？」「何が一番大切か？」「それを達成するための時間とコストは？」などの思考が入ります。

　具体的に見てみましょう。

シミュレーション例 「昼食に何を食べるか？」

思考① 自分は何を食べたいのか？ → 意思 「カレーを食べたい」

思考② どんなカレーにするか？（日本のカレー、欧風カレー、スープカレーなど） →「日本のカレー」

思考③ メニューは何か（カレーライス、カレーうどん、カレーパンなど） →「カレーライス」

思考④ 予算はいくらか →「500円以内」

思考⑤ どこで食べる・入手するか（学食、カレー専門店、大学近くの定食屋、弁当屋など） →「弁当屋」

行動 近所の弁当屋で、カレー弁当を購入する

　ここでは、「意思」を実現するための筋道を立て、それぞれの段階で考えた方策の中から最適なものを選択し、最終的な「行動」に至ります。

　もしも、誰かに「ねえ、どうして今日はカレー弁当を食べているの？」と聞かれたなら、そこに至った理由を明確に説明できますね。

意思に基づいた行動を取ろう！

4 リーダーシップと コミュ力がなくても 内定はとれる

企業は、社員全員に リーダーシップを求めていない

　企業には、部下を率いて、新しいプロジェクトを推し進めることができる人材が必要です。しかし、現実には、そういうリーダーシップにあふれる人は多くはいません。

　もし、社内がカリスマ性のあるリーダーだらけだとしたら、組織としては成立しません。みんなが自分の意見を強烈に主張して、組織がまとまらなくなってしまいます。

　組織は、リーダータイプの人だけでなく、さまざまな役割の人がいるから活性化します。フォロー役や盛り立て役などの人材も必要です。実際のところ、組織で最も多いのは、誠実な働き者である「その他大勢」の役割の人でしょう。

　面接で「リーダーシップがあります」と言わなかったことが原因で、落とされることはありません。リーダーシップに自信がないという人は、自分が本来もっている**別の良さをアピール**すればよいのです。

　自信なさそうに「リーダーシップがあります……」と言うほうが、嘘をついているとマイナス評価を受けます。

コミュニケーション能力がすべてではない

　コミュニケーション能力は、高いに越したことはありませんが、リーダーシップと同じように、「社員全員のコミュニケー

ション能力が高い」ということは、まずあり得ません。

　誰もが明るくたくさんの友達ができるタイプである必要はありません。むしろ、黙々と粘り強く課題に取り組むことが高く評価される業務もあります。

　こうした人材は、たとえコミュニケーションが多少苦手であっても、企業になくてはならない人材です。

　面接において、コミュニケーションに自信がないのであれば、「コミュニケーション能力が高いです！」と無理やり言う必要はありません。むしろコミュニケーション能力以外の自分の良いところを探し、それを具体的に伝えるほうがよほど高評価につながります。

就活で評価される コミュニケーション能力とは？

　ところで、そもそも「コミュニケーション能力」とは、どのような能力を指すのでしょうか。

　また、就活においてコミュニケーション能力が評価されるのは、なぜでしょうか。確認しておきましょう。

就活で評価されるコミュニケーション能力①

自分の考えや情報を正しく伝えられる

　企業が学生に求めているコミュニケーション能力のひとつは、**「自分の考えや伝えたい情報を正確に伝えられる能力」**です。

　一緒に働いていくメンバーを選ぶうえで、意思疎通がうまくいかないような人は困ります。

　ESや面接では、自分が相手に伝えたいことを、なるべく短

い文章で相手に正確に理解してもらうことができれば、「コミュニケーション能力が高い」と判断されます。

言いたいことを正しく伝える力が重要!

　面接では聞かれたことに対して、要点を押さえて簡潔に答えられれば、高評価をもらえます。

　説明が足りず、焦点がずれたまま説明していると、相手に正しく伝わりません。

　逆に、必要以上に文字数が多くなったり、話が長すぎたりすると、要点がわからなくなってしまいます。

就活で評価されるコミュニケーション能力②
またこの人と会って話したいと思ってもらえる

「明るくて楽しそうだ」「またこの人と会って話したい」と採用担当者が思ったならば、コミュニケーション能力が高いと言えます。

　就活においては、「この人と一緒に仕事がしたいな」「この人がうちの職場にいたら、きっと雰囲気もいいだろうな」と思ってもらうことが大切です。

また会って話したい!

この章の冒頭「面接の鉄則３」で、「結論から話し、それから理由や事実について展開していく」のが鉄則だという話をしました。

　しかし、完璧にそれができていても、下を向き、暗い表情でボソボソと話をしていたら、「うーん、言っていることはわかるんだけど、暗くて一緒に働きたくないな……」と、マイナス評価を受ける可能性があります。

　逆に、結論から話さずに、学生時代の細かなエピソードや論理的に飛躍がある持論を話しまくったとしても、「面白い学生だな！」「入社後も元気に働いてくれそうだ」とキャラクターが評価され、次の選考過程に進める場合もあります。

　以前、テレビ局を志望している受講生が、面接で「どんな番組を作りたいか？」と聞かれたそうです。もちろんテレビ局志望であれば、想定内の質問です。

　そこで、待ってました！とばかりに、「○○で△△な番組を作りたいです！」と自信満々で答えましたが、まさにそのような内容の番組が、その面接の数日前に放送されたばかりだったそうです。

　このような場合、普通なら、志望企業の研究が足りなかったことに気づき、「もうダメだ……」とショックを受けて落ち込んでしまいそうなものです。

　しかし、この学生は、元気いっぱいに「勉強不足で申し訳ありません！　次回の面接の機会を与えていただけるようでしたら、しっかり考えてお伝えさせていただきます！」と堂々と答えました。

その後、彼はこの面接を無事に通過し、内定を得ることができました。

　もちろん基本をしっかり押さえることは大切ですが、企業風土や採用担当者によっても、受け止め方は異なります。多少、論理に飛躍があっても、明るく元気なことが評価されることもあります。無理やり隠すのではなく、できていないところは、「できていない」と認め、前向きに取り組んでいきましょう。

就活アドバイス

☐ 自分にない能力を無理やりアピールしない
☐ コミュ力とは「言いたいことを正しく伝える力」「また会って話したいと思ってもらうこと」

5 社会人と話す機会を 日常的に持とう

職場での会話は「仕事の一部」

　たくさんの仲間を作り、利害関係なく仲良く過ごせるのは学生の特権です。本音や価値観を気兼ねなく話し合える友人は貴重な存在です。

　しかし、同じような年齢・環境にいる同質性が高い人同士のコミュニケーションがスムーズなのは、当たり前です。

　社会人になると、年齢も、背景も、物事の優先順位も、ニーズもまったく異なる相手とのコミュニケーションが圧倒的に多くなります。

　年齢や背景が異なる相手とのコミュニケーションは、同質性の高い人とのコミュニケーションより、難易度が高いです。

　さらに、お客様や上司と話をすることは、**単なるおしゃべりではなく、その先に「成果」を求められる「仕事の一部」です。**

　もし、互いの理解にギャップがあって、問題が生じているのであれば、まずはギャップをなくさなくてはいけません。

　そのうえで、お客様や上司の求めにどう応えていくかを考えなければいけません。

　社会人のコミュニケーションは、学生時代のそれとは別物であることを心得ましょう。

学生と社会人のコミュニケーションの違い

学生

アルバイト	ゼミ	サークル
・アルバイト仲間 ・店長 ・お客様	・大学生 ・教授	・大学生

・関わる人は大学生が過半数
・同調するコミュニケーションが多い

社会人

会社内	お客様	取引先
20〜60代の人	幅広い年代	20〜60代の人

・幅広い年代の人と関わる
・成果を求められる

実際に会って「社会人と話す機会」を作ろう

　幅広い年代や背景の異なる人たちとの対話力を向上させるには、訓練しかありません。とにかく実践を積み重ねるのみです。「訓練」というと、難しいスキルの習得のように感じられるかもしれませんが、やるべきことは、今日からでもはじめられる簡単なことです。

　それは、**社会人の多い場に出向くこと**です。社会人といっても、親族などの、すでに親しい相手では効果が期待できません。

　理想的なのは、なんらかの利害関係が存在する場で、組織と

して継続的に活動している団体に所属することです。

　たとえば、かなり年上の人も一緒に働いているアルバイト先、社会人がメンバーとして活躍している地元のスポーツチーム、幅広い年代の人と一緒に活動するボランティア団体などです。

　幅広い年代の人がいれば、上下関係や特性に応じた役割分担、問題が生じたときの柔軟な対応など、**さまざまなコミュニケーションを経験できる**はずです。

　あるキャリアアカデミーの受講生の体験を紹介します。

　居酒屋でアルバイトをしていたA君。あるとき、店長と二人だけで飲みに行くことになりました。

　ほろ酔いの店長が、A君に悩みを打ち明けました。

「アルバイトが定着しなくて、困ってるんだ」

　アルバイトを甘やかせば、無断で欠勤されるし、厳しくすれば、辞めてしまうという悩みでした。

　A君にとって、店長は立場の異なる遠い存在であり、居酒屋のバイトは、お金を稼ぐ手段でしかありませんでした。

　ところがこの日、店長は本音を話してくれました。責任ある社会人が考えることはこういうことなのか、仕事とはこういうものなのだと実感したそうです。

　それ以降、A君は、居酒屋の仕事を単なる時給稼ぎのアルバイトではなく、チームで協力して成果をめざす仕事だと意識するようになったそうです。

OB・OG訪問は社会人と話す絶好の機会

　面接の場では、**社会人慣れしている人が有利です。** 年上の人に対するマナーや敬語の使い方の実践経験が豊富であれば、面接でも緊張しません。

　学生が社会人と交流する機会として、OB・OG訪問もおすすめです。志望企業で働いている先輩と連絡を取り、面会を依頼し、日時を調整、会う場所を確保、会ったあとにはお礼のメール……などの一連の流れで、鍛えられます。

　これまでのOB・OG探しというと、大学の就職課で紹介してもらうか、サークルやゼミの人脈をたどるという程度の方法しかありませんでした。しかし最近は、大学生と社会人がつながるマッチングサービスのアプリもあり、より簡単に志望企業の社員と会えるようになっています。OB・OG探しに苦労している人は、ぜひ調べて活用してみてください。

内定者たちが利用していたWebサービス2選

> **「ビズリーチ・キャンパス」**
> 　自分の在籍している大学の卒業生の現職社員を探せる。
> **「Matcher（マッチャー）」**
> 　自分の在籍している大学の卒業生以外の現職社員も探せる。

　キャリアアカデミーの受講生には、この2つのWebサービスの使用者がいました。ただし、Webサービスを介して会う際は、人目のあるカフェなどで、ランチタイムに会うことをおすすめします。宗教やマルチ商法の勧誘、下心のある危ない社会人も中にはいます。十分に気をつけてくださいね。

6 面接は準備で決まる

面接の「ぶっつけ本番」は絶対NG！

　就活生から「面接が全然できませんでした」という話をよく聞きます。うまくいかなかった原因を聞くと、面接の準備をしていなかったという、対策をしていれば防げる失敗であることが多いです。

「結局、面接では、コミュ力が高い人が有利なんでしょ……」

　そんなふうに考えている就活生もいるようですが、そんなことはありません。

　きちんとした準備は、面接の成否を左右します。

個人面接　シミュレーション

　まず、実際の面接の流れを確認し、その流れを踏まえて面接の準備をどのように進めていけばよいかをお伝えします。

面接の状況　不動産販売会社の1次面接

企業側	学生側
・面接官A	・学生S（男性）
・面接官B	

A 「Sさん、こんにちは。Aと申します。よろしくお願いいたします。緊張していますか?」

S 「はい、御社が第一志望のため、非常に緊張しておりますが、よろしくお願いいたします!」

 Good!

「この会社が第一志望」ということを積極的に伝えている点が良いです!

A 「緊張しますよね。今日はSさんのよいところをたくさん教えてほしいと思っているので、安心してお話しください。まずは簡単に自己紹介をお願いします」

S 「○○大学のSです。体育会系の水泳部に所属しています。 私は宮崎県の出身で、幼い頃から幅広い年代の方と接してきました」

 Good!

体育会に所属した経験のある人は、ぜひ伝えてください。最低限の礼儀やマナーが身についていること、体力があることの証拠になります。

B 「体育会系なのですね。水泳は何年くらい続けていますか？」

S 「小学校5年生から大学までの11年間です」

Good!

長く続けてきたことは、評価の対象です！
「いつからいつまで」も伝えており、聞く側がイメージしやすいです。

B 「水泳をしていて、一番大変だったことは何ですか？」

S 「はい、大学の水泳部で、部員集めに苦労したことです。私の大学は水泳部と水泳サークルがあり、多くの人が練習が楽な水泳サークルに行ってしまっていました。私たちの部活は、楽ではないので、やる気のある新入生をいかに集めるかが課題でした。そのために私が行ったことが2点あります。1つ目にSNSを利用して部員集めをしたこと、2つ目に、看板作りに力を入れたことです。そのおかげで部員数が前年と比べて1.5倍になりました」

Bad!

「経験」はもっとコンパクトにまとめて、「体験（経験を通して学んだこと、感じたこと）」を述べましょう。丸暗記でスピーチのようにならないように注意しましょう。

B 「大変だったんですね。11年間の水泳を通して学んだことはどんなことでしょうか」

S 「はい（沈黙5秒）、そうですね、<u>勝つか負けるか、最後は根性が大切だ</u>ということです」

✖ Bad!

面接官Bの質問は予想されるので、事前に答えを考えておくとよいでしょう。

⬤ Good!

「最後は根性が大切」というのは、粘り強さを感じさせ、不動産販売が向いていそうです。

（～中略～）

A 「それでは、Sさんの弱みを教えてください」

S 「はい、根性はありますが、論理的に考えることが苦手だと思います」

A 「そうなんですね。論理的に考えることが苦手で困ったことはありますか」

S 「ゼミの発表のときに、先生に注意されることが多いです。話がまとまっていないのは、頭の中が整理されていないからだと指摘されます。授業を通して、論理的に考える力をつけていきたいと思います」

> ● **Good!**
>
> **面接官の問いに端的に回答していて良いです。また、自分の弱みを認識したうえで、今後の改善点も前向きに伝えている点が好印象です。**

A 「はい、わかりました。それでは本日の面接は以上となります。おつかれさまでした」

S 「ありがとうございました！」

> ● **Good!**
>
> **面接の出来がどうであれ、終わりを元気な挨拶で締めるのは良いです！**

　このような流れで面接は終了します。あっという間ですね。続いて面接の準備方法について見ていきましょう。

面接のために事前に準備しておくことは？

　面接で聞かれるのは、**ESに書かれた内容**についてです。ほかに自己紹介や志望動機などの基本的なことも聞かれる可能性があります。

　次に具体的な面接の対策をお伝えします。

面接の前に必ずやるべき4つのこと

① ESに書いた各項目を30秒〜1分程度で話せるようにする
② ESには書いていないが、質問される可能性のある項目を話せるようにする
③ ①②について、自分が話している様子を動画に撮り、見てチェックする
④ 知り合いに面接官役を依頼し、模擬面接を行う

これらの4つは必ずやっておきましょう。

特に、③と④は面倒だと感じられるでしょうが、頭でイメージするのと、実際にやるのとでは、雲泥の差です。面接本番で泣かないためにも、必ず取り組んでください。

面接の前に必ずやるべきこと①

ESに書いた各項目を30秒〜1分程度で話せるようにする

面接では、面接官がESに基づいて質問します。

答えるときには、**それぞれの項目について1分程度**で伝えましょう。実際にやってみるとわかりますが、ほとんどの就活生の話は長すぎます。

家での練習は、スマートフォンのストップウォッチ機能を活用して、30秒〜1分におさまるように意識してみてください。これを実際にやるかやらないかで、本番で大きく差が出ます。

重要なことをもうひとつ。就活中、みなさんは複数の企業にESを提出すると思いますが、**「どの会社」に「どのESを提出したか」を自分できちんと把握**しておいてください。

面接本番で、ESに書いてあることを質問されて、「何を書いたんだっけ!?」と慌てる学生は少なくありません。

面接官は「うちの会社を本気で志望していないのか」「ESに思ってもいないことを書いているのか」と受け取る可能性があるので注意しましょう。

面接の前に必ずやるべきこと②

ESには書いていないが、
質問される可能性のある項目を話せるようにする

次の内容については、提出したESに記入項目がなかったとしても、事前に考えて、1分程度で話せるようにしておきましょう。どこの会社でも聞かれうる基本的な内容です。スラスラ答えられるようにしておいてください。

面接での基本的な質問事項

- 自己紹介
- 自己PR
- 学生時代に力を入れて取り組んだこと
- 力を入れて取り組んだ学業
- 志望動機
- 入社後にやりたいこと
- 逆質問

それぞれの項目を30秒〜1分で
言えるようにしておこう！

自分が話している様子を動画に撮り、見てチェックする

　各項目を１分程度で話せるようになったら、話している様子を動画で撮影し、自分でチェックしてみましょう。

　声の大きさ、話すスピード、態度、表情はどうでしょうか。

　自分の映像を見ていると、「キョロキョロしてる」「早口すぎて言っていることがわかりにくい」「手がせわしなく動いていて、落ち着きがない」など、さまざまな気づきがあると思います。

　気づいたところを修正しながら、何度も撮影して、改善していきましょう。

知り合いに面接官役を依頼し、模擬面接を行う

　身近な人に面接官になってもらい、**模擬面接**をしてみましょう。相手には、遠慮なく、次々と質問してもらってください。

　たとえば、次のような感じです。

面接官役	「学生時代にがんばったことを教えてください」
自分	「50人規模のサッカーサークルで代表を務めたことです。意見を調整することの難しさを学びました」
面接官役	「代表を務めるうえで、一番大変だったことはどんなことですか？」
自分	「メンバー間で、モチベーションに差があったことです」
面接官役	「それに対してどのように対応していきましたか？」（以下、続いていく）

面接官役の相手には、「話が長い」「わかりにくい」など、面接の印象をハッキリ言ってもらいましょう。模擬面接は、自分の話す練習と同時に、面接官の気持ちを理解する練習にもなります。

　目の前の相手がつまらなそうな顔をしているのはなぜか、どんな話し方をしていると飽きてくるのか……。

　面接官役を友人と交互にやってみると、なおさら気持ちがわかると思います。

　気づきは成長への第一歩です。多くの気づきを得るために、面接の練習は繰り返し行いましょう。

ひねった質問も「伝えたい自分の特徴」で返す

　面接官から、次のような質問を受けることがあります。

「あなたを動物にたとえると何ですか」
「あなたは自分を何色だと思いますか」

　ひねった質問にも慌てないでください。こういう変化球の質問に対しても、自己分析で見つけた「伝えたい自分の特徴」をベースにすれば、スラスラと答えられます。つまり、**「伝えたい自分の特徴」を明確にしておけば、どんなパターンの質問にも対応できる**ということです。

　覚えておいてほしいのは、面接官は、動物や色を聞きたいのではなく、「あなたがどんな人物か」を知りたいのです。

　極端なことを言えば、たとえる動物や色は、ゾウでもネズミでも、ピンクでも青でもよいのです。

〔ひねった質問への回答例〕
「あなたを動物にたとえると何ですか」

悪い例

「（沈黙10秒……）すみません、自分を動物にたとえて考えたことがなく、思いつきませんでした」

 Bad!

動物のことをアレコレ真剣に考えていても、答えは出ません！ あなたのアピールしたい特徴を動物の特徴にリンクさせてみよう！

良い例

「自分を動物にたとえると、ウサギです。私は周囲の変化や新しい情報をいち早くキャッチし、好奇心を持ったらそれを知るために積極的にすばやく行動するからです」

Good!

音や気配をキャッチするのが得意なウサギと、あなたの情報収集力のアピールがうまく重なっています！

臨機応変に「前向きに」こじつける！

7 面接の第一印象を決める！入室のマナー

部屋に入るときの動作で、第一印象が決まる！

面接での自己紹介や受け答えの練習をする就活生はいますが、面接会場に入室するときの練習をしている就活生は少ないです。そのため、ドアをノックする方法、お辞儀をするタイミング、ドアの開閉のスマートな方法がわからず、当日、「どうすればいいの!?」と焦ってしまうようです。

入室する際は、面接官の視線が集中します。その場面で堂々とした態度で行動できれば、ほかの就活生に差をつけられます。また、自分自身も落ち着いて面接に気持ちを向けられます。

ここで紹介する流れを何度か練習してみてください。

〔一般的な入室の流れ〕

①部屋（面接会場）のドアを3回ノックし、「どうぞ」と言われたら、**「失礼します！」**と言ってから、ドアを開けます。「ノックは3回」という慣習がありますが、「2回だったら失格」というわけではありません。

②ドアを開けたら、面接官と目を合わせて軽く会釈し、部屋に入ります。

会釈は 15 度くらいのお辞儀！

③面接官におしりを向けないようにドアのほうを向いて、丁寧に閉めます。
後ろ手（体は正面を向いた状態で、手だけ後ろに回す）では閉めません。

④ドアを閉めた後は、姿勢を正し、再び「失礼します」と言って、お辞儀をします。

このお辞儀も 15 度くらい！

⑤椅子の横まで歩き、椅子の横に立ち、面接官からの指示を待ちます。

（⑥以降は、企業によって異なりますが、一般的なものを紹介します）

⑥面接官から「大学名とお名前をお願いします」と言われたら、「○○大学の○○と申します。どうぞよろしくお願いいたします！」と挨拶をします。

⑦面接官から「どうぞおかけください」と言われるので、「失礼します」と言って椅子に座ります。その際、持っているカバンは椅子の横に置きます。

　以上が基本的な流れです。

　もしも本番の面接試験のときに、座る場所がわからなかったり、困ったことがあったりしたときには、遠慮せずに確認してみましょう。「不明点を礼儀正しく確認できる」というのは、評価できる態度です。

内定への道

航空業界は、諦めたほうがいい？

　新型コロナウイルス感染症の影響で、航空業界や旅行業界、ホテル業界は大きな打撃を受けました。

　就活生たちからは、「旅行業界以外の業界に興味が持てなくて、就活へのやる気が出ません」「小さい頃からCAになりたかったのですが、航空業界は諦めたほうがいいのでしょうか？」といった相談をたくさん受けています。

　これらの業界の採用状況が今後どうなっていくか、今のところ、はっきりしたことは、まだ誰にもわかりません。

　しかし、就活をしている最中に新型コロナウイルス感染症が大流行し、多数の航空、旅行、ホテル関係の企業が採用を中断、もしくは縮小した2021年卒の就活生の中にも、航空業界やホテル業界に内定をもらった先輩はいます。一部の企業は、採用を継続していることもありますので、どうしても行きたい業界の採用情報は、就活ナビサイトをチェックして、見落とさないようにしましょう。

　航空業界や旅行業界、ホテル業界の今後は不透明ですが、状況的には、今後の採用も中断、もしくは縮小となる可能性は高いと思います。希望していた業界に新卒で入るチャンスを得られないことは非常に残念なことですが、企業の多くが中途採用も実施しています。憧れの企業への中途入社を見据え、新卒では別の業界を志望することが現実的かと思います。

「社会人としての経験を積める企業」を選ぶことをモチベーションにして就活することも一案です。

第 8 章

新型コロナの影響で増えるオンライン選考の対策とコツ

新型コロナウイルス感染症の世界的流行を受け、就活は大きく変わりました。多くの企業が導入しているオンライン選考について、その特徴と目的をきちんと理解したうえで、準備を万全にしてのぞみましょう。

オンライン選考の実際
～人事担当者のホンネ

オンライン選考の実際を知っておこう

　オンライン選考は新しく登場した選考方法であるため、大学の先輩やOB・OGの情報も少ないです。どう対策すればよいのか悩んでいる就活生も多いでしょう。そこで、実際にオンライン選考を行っている企業の人事担当者に「オンライン選考の実際」について聞いてみました。担当者の方には、自社での考え、取り組みについても具体的に教えてもらいました。

疑問1 オンライン選考は、今後も続いていくのか？

`人事担当者の意見` 程度の差はあるが、多くの会社で今後もオンライン選考は継続される可能性が高い。就活生は、オンライン選考の対策も進めていく必要がある。

👨‍💼💬人事担当者Aさん(商社勤務)のコメント

　採用の初期段階（説明会や1次面接など）で引き続きオンラインを活用していくつもりです。説明会や面接がオンラインになったことで、地方在住の就活生の応募が増えました。一方、オンラインでは、社内や社員の雰囲気が就活生に伝わりにくいと感じています。採用したい就活生は対面の社員座談会に呼び、自社の雰囲気を感じてもらうように努めています。選考が進むにつれ、対面の割合を増やしていくつもりです。

💬 人事担当者Bさん（IT企業勤務）のコメント

　　各会社の方針によって、オンライン選考を継続するか、対面での選考に戻すのかが決まるでしょう。会社は、社員に対するスタンスと就活生に対するスタンスに一貫性を持たせる必要があります。ですから、社員にテレワークを求める会社は、就活生にもオンラインメインの選考を行い、対面でのコミュニケーションを大切にしている会社は、就活生にも対面での選考を行うと思います。自社は全社員がテレワークを推進しており、就活生に対しても、ほぼすべての選考をオンラインで行います。現在、最終面接だけは対面で行うかどうか検討中です。

💬 人事担当者Cさん（メーカー勤務）のコメント

　　説明会から内定まで、すべてオンラインで行うつもりです。オンライン選考を実際に行ってみて、オンラインでも就活生の資質を読み取れることがわかりました。唯一の課題は、就活生にどのように自社の魅力を伝えるかということですが、社内紹介動画の作成や座談会を多く開催するなど、情報を積極的に発信しています。オンライン選考を経た新入社員の入社後の様子次第で、今後の方針は変わるかもしれませんが、今のところオンライン選考にデメリットを感じていません。

💬 人事担当者Dさん（化粧品会社勤務）のコメント

　　基本的にはオンラインで選考を行いますが、1回は来社してもらう方針です。来社してもらう目的は、会社側がオンラインでは見落としているかもしれない就活生の個性を見極める意味もありますが、就活生に実際に会社に来てもらうことで、自社への理解を深め、志望度を上げてもらいたいからです。

疑問2 面接中は、カメラ目線のほうがよいのか？

人事担当者の意見 必ずしもカメラ目線でなくてもよい。ただし、キョロキョロしているのは印象がよくない。

人事担当者Aさん（商社勤務）のコメント

面接中にカメラ目線になっていない就活生よりも、話をしながら視線があちこち泳いでいる就活生のほうが、とても気になります。面接中は、キョロキョロせずに、視線を定めるように意識するといいですね。

人事担当者Cさん（メーカー勤務）のコメント

就活生がカメラ目線でなくてもあまり気になりません。カメラばかり見ていると、面接官の表情が読み取れず、就活生はやりにくいだろうと思います。心配な人は、最初の自己紹介のときだけは、カメラ目線にするとよいでしょう。また、オンライン面接中に目線をカメラ目線にできるアプリもありますので、活用してみてはいかがでしょうか。

疑問3 面接で言うことを忘れないように、カンペを準備して見てもよいのか？

人事担当者の意見 カンペをそのまま読んでいると、面接官にバレる。面接で良いパフォーマンスを発揮したいからといって、カンペに頼りすぎてはいけない。

💬 人事担当者Aさん（商社勤務）のコメント

　カンペはバレると思ってください。面接官は、就活生の様子を見ていれば、「この子は文章を読み上げているな」ということがすぐにわかります。対面での面接でやらないことは、オンライン面接でもやらないようにするのが基本です。

💬 人事担当者Bさん（IT企業勤務）のコメント

　カンペはお守りとして、キーワードだけを付箋に書いて貼っておく程度ならよいでしょう。くれぐれも、カンペの文章を読み上げることはやめましょう。カンペは見ないようにするのが一番いいですよ。

💬 人事担当者Cさん（メーカー勤務）のコメント

　カンペを見ていることは、人事担当者にはバレます。ただ、カンペを見ているからといって、それだけで選考に落ちることはないと思います。

💬 人事担当者Dさん（化粧品会社勤務）のコメント

　カンペを読んでいる就活生は、作り込んだ不自然な受け答えになってしまいがちで、「本来の良さ」が伝わってきません。実際、オンライン面接ではカンペを読み上げながらガチガチだった就活生が、対面での面接では本来の自分を出せて、とても良い評価を得たことがありました。

　良いパフォーマンスをするためにカンペを読み上げているのだと思いますが、かえってマイナス評価につながってしまうことがあるので気をつけてください。

オンライン選考における就活生の心構えは？

企業研究をしっかり行おう

　オンライン選考では、対面での選考のときよりも積極的に会社の情報を収集すること（企業研究）を心がけてください。

　人事担当者の方々が口を揃えて言っていたのが、「オンライン選考で、就活生の自社への志望度を上げる難しさ」です。

　企業側も、オンラインでのつながりの中で「就活生へ自社の魅力を伝えること」に苦労しているのです。

　就活生のみなさんも感じているかもしれませんが、実際に会社に足を運ぶのと、オンライン上の説明会に参加するのを比べてみると、実際に会社に足を運んだほうが、得られる情報が格段に多いです。対面の企業イベント5回分の情報を得るためには、オンラインの企業イベントに10回参加する気持ちを持ってください。

表情豊かに、身振りは大きく

　オンライン選考では、表情から気持ちや考えを読み取ることが難しいです。

　普段から表情が出にくいタイプの人は、面接官から見てホンネが読み取りづらいため、オンライン選考で不利になってしまうこともあります。「自分は表情が乏しい」と感じる就活生は、オンライン選考では、普段よりも表情豊かに振る舞うことを意識してみましょう。相手の話にハッキリと返事をしたり、しっ

かり見えるようにうなずくことも大切です。

身振り手振りを大きくすると、面接官に自分の思いや人柄が伝わりやすくなります。自分の思いを伝えたい場面では、身振り手振りを効果的に活用していくとよいでしょう。

対面の選考で受かる備えをした人が、オンライン選考も制す

「対面」と「オンライン」という形式の違いはありますが、結局、対面の選考で内定を獲得する人は、オンライン選考でも内定を獲得します。

オンライン選考は、自宅で行うことが多くなるため、ついつい気が緩みがちです。「上はスーツで、下はスウェット」という服装をしていても、画面の中にいる面接官にはバレないかもしれません。しかし、外見の緩みは言動に表れてしまいます。

オンラインだからといって油断せずに、対面での選考にのぞむときと同じ緊張感を持ちましょう。そうすれば、おのずと内定獲得も見えてくるはずです。

就活アドバイス

☐ 志望企業についての情報不足は、イベント参加回数でフォローする

☐ オンライン選考では、普段よりも表情豊かに振る舞う

☐ オンライン選考も、対面の選考と同じ緊張感でのぞむ

3 オンライン面接ならではの準備とは？

オンライン面接の準備は前日までに済ませておく

　オンライン面接の当日、足りないものがあったり、不具合がないように、面接の準備は前日までに終わらせておきましょう。準備しておくものは以下の通りです。

【必ず用意するもの】
☑ **カメラ付き PC**

　PCにカメラが付いていない場合は、Webカメラを使いましょう。数千円程度で購入できます。

☑ **スマートフォン**

　当日トラブルがあった際、企業にすぐ連絡できるようにしておきましょう。PCが不測の事態で使えなくなったときのスペアとしても使えます。

☑ **背景の整備**

　オンライン面接をするときの背景となる場所の整備をしておきましょう。散らかった部屋が見えるような状態はNGです。
　基本、背景はシンプルなほうがよいですが、個性を重視している企業の面接の場合、面接官に言及してほしい小物を意図的に配置しておくのもよいでしょう。

☑ 企業に提出したエントリーシート（ES）

自分がどのようなESを書いたのか、面接前に確認しておきましょう。当日も、面接官からESの内容について言及された場合に、すぐに見られるようにしておくのがよいです。

【あると便利なもの】
☑ マイク付きイヤホン

マイク付きイヤホンを使用すると、相手の声がはっきりと聞き取れ、相手にも自分の声を明瞭に届けることができます。面接で自分のことを間違いなく伝えられるように、準備しておきたいアイテムです。

☑ 有線 LAN

時間帯や状況によっては、普段問題なく使えているWi-Fiの接続状態が悪くなることもあります。そうしたトラブルを避けるためには、物理的にネットワークを接続しておくのが確実です。LANケーブルを使用してPCとネットワーク機器（ルーターなど）をつないでおけば安心です。

☑ PC 用の LED ライト

画面に映る自分の顔の映りをよくするために、PC用のLEDライトを活用するとよいです。数千円程度で購入できます。

スマホで面接を受けるのは非常事態のみ

就活生から、「スマホでオンライン面接を受けてもいいですか？」という質問をよく受けます。

スマホでも不可能ではありませんが、オンライン面接は、ス

マホよりもPCを使用するのをおすすめします。

　スマホは、PCや回線にトラブルが起こったときなどの予備機、あるいは、企業と連絡を取るためのものだと考えておきましょう。もし、どうしてもスマホで面接を受けなくてはいけないような場合には、スマホはスタンドなどに置いて固定し、映像が手ブレしないようにしましょう。ゆらゆらした映像を見ながらのコミュニケーションは、相手にストレスを与えます。

トラブルがあっても、慌てずに対処すればOK

　面接中、面接官の声がよく聞こえなかったり、映像が停止するようなこともあるでしょう。しかし、そうしたトラブルは企業側も折り込み済みですから、落ち着いて対処すれば問題ありません。

　オンライン面接は、通常、次のような流れで行われます。イメージしておきましょう。

【オンライン面接の実況中継】

―学生は開始5分前にオンライン面接会場に入室する。
―面接官が入室する。

学生　　本日はどうぞよろしくお願いいたします。私の声は聞こえていますでしょうか。映像は見えていますでしょうか。

🔵 Good!

面接官に聞かれる前に、自分から接続状況を確認する気遣いが良いです。

面接官　問題ありません。私の声と映像も問題ありませんか。

学生　はい、問題ありません。

面接官　かしこまりました。それでは本日の面接をはじめます。まず、最初に自己紹介をお願いします。

学生　はい。〇〇大学〇〇学部の〇〇△△と申します。学生時代は映画製作サークルにて、副幹事長としてコンペに出品するための作品作りに注力しました。本日はどうぞよろしくお願いいたします。

面接官　ありがとうございます。映画サークルに所属しているとのことですが………（電波が乱れて聞き取れない）…………でしょうか。

学生　申し訳ございません。電波が悪くて聞き取れませんでした。もう一度質問をお願いできますか。

⭕ **Good!**

> きちんと聞き取れなかったときは、遠慮なく聞き返しましょう。面接官はネットワークのトラブルに関しては想定しています。慌てたり落ち込んだりする必要はありません。

面接官　はい。映画サークルで作品を作るうえで、苦労したことはありますか。……（以下省略）

オンライン選考で高評価を得るために

動画面接とは何か？

新型コロナウイルス感染症の影響で、選考に「動画面接」を導入する企業が増えました。動画面接とは、就活生が自分が話をしている動画を撮影し、それを見て企業が評価するというものです。

就活生は、企業から与えられたテーマに沿って、規定の時間内でカメラの前で話し、録画したその動画を企業のWebサイトにアップロードして評価を待ちます。

テーマは、「1分間で自己PRや志望動機を述べる」や「〇〇というテーマで自分の経験を〇分以内で話す」といったものが多いです。

動画面接で評価されるポイントは？

動画面接を導入している企業の多くは、集団面接の代わりに動画面接を利用しています。コロナの影響で、密になりがちな集団面接を行うことが難しくなったため、動画面接を導入しているのです。

つまり、動画面接の目的は、個人面接に通す就活生を決めることなので、ここでは、社会人としての最低限の基準をクリアできていない人が落とされます。たとえば、「髪がボサボサである」とか「ネクタイがひどく曲がっている」とか「清潔感がない」「ボソボソしゃべっていて聞こえない」などと判断され

ると落とされます。決して、それほど高度なことが求められているのではなく、基本的な社会人としての常識が求められているのです。

　ただし、「就活生の個性を見たい」と考えている企業（特にエンタメ業界、化粧品業界など）は、動画面接を個性発揮の場であるととらえています。こうした企業の動画選考では、担当者の目に留まるような動画が評価されます。何百、何千と送られてくる動画の中で、自分の動画に目を留めてもらえるような工夫をすることが大切です。

オンラインでのグループディスカッションは？

　近年、対面の選考で行われていた「グループディスカッション」は、オンライン選考では減少傾向です。

　グループディスカッション選考の目的だった「就活生が、会社の会議でどのようなパフォーマンスをするのか」のチェックは、オンライン上では難しいようです。

　ただ、オンライン選考でも、少し違った形でのディスカッションは行われています。

　これまで主流だった対面のグループディスカッションでは、15〜30分程度でテーマについてグループごとに話し合い、最後に発表する形式が一般的でした。

　一方、新しく登場した「オンライングループディスカッション」では、ディスカッション全体を3〜4パートに分け、各パートのディスカッションが終了するごとに発表する形式で行われることが多いようです。

　以下、具体的に一例を紹介します。

【テーマの提示】

「貧困問題」「トイレ不足」「気候変動」のうち1つのテーマを選んで、その解決方法について話し合ってください。

パート1　5分間…話し合うテーマについての議論

　　　　　1分間…話し合うテーマの発表

　　　　　「私たちの班は、トイレ不足について議論します。理由は……」

パート2　5分間…議論の方向性（定義付け）についての議論

　　　　　1分間…議論の方向性についての発表

　　　　　「開発途上国へトイレを普及させる方法について話し合います。理由は……」

パート3　15分間…テーマの解決方法についての議論

　　　　　1分間…解決方法についての発表

　　　　　「開発途上国へトイレを普及させるために、……をします。なぜなら……」

　オンライン選考でのグループディスカッションは、対面の選考よりも参加者同士のコミュニケーションが取りづらいため、一貫性のある議論をすることが難しいです。そのため、全体が数パートに区切られます。参加者が共通認識を持ち、その後のディスカッションをスムーズに進められるように、という意図があるのです。

　グループディスカッション選考自体は減少傾向ですが、新しい形式を一度体験しておくと安心できるでしょう。

第 9 章

信頼度がアップする就活のマナー

「マナー」は相手との信頼関係を構築するために大切なものです。年齢や経験、立場、価値観の異なる人とのコミュニケーションを円滑にするために、基本的なマナーを知っておきましょう。

1 好印象の 身だしなみとは？

身だしなみは、減点方式で見られている

「カラコンをつけていないと不安なんです……」
「就活中は、茶髪はダメでしょうか？　黒く染めたほうがいい
でしょうか？」
「ピアスをしていてもいいのでしょうか？」

　学生から、よく、こんな声が聞かれます。
　これらすべてに言えることは、**減点になる可能性はあっても、
加点になるものは何もない**ということです。
　もちろん、企業から特別な指定があるのなら話は別です。
　就活生は、企業に入るための「関所」を通ろうとしています。
江戸時代の関所では、怪しい身なり、気になるそぶりを見せた
人は、ことごとく呼び止められて尋問を受けました。どこにで
もいるような町人姿なら、問題なく通り抜けられたといいます。
　就活で大事なのは、あなたという人間の中身を企業に伝える
ことです。減点の可能性が少しでも考えられるような要素は最
初から排除してしまいましょう。**服装や態度など、余計なとこ
ろに注目されて、マイナスな印象を持たれてしまうのは損**です。

「面接のときだけきちんとする」は、通用しない

「面接のときは、きちんとします」と話す学生もよくいます。
　しかし、そもそも「カラコンがないと不安」であれば、面接

試験をカラコンなしで受けると、気分が下がって、力を出せないのではないでしょうか。

この先、社会人として働いていくためには、個人のこだわりを脇におく覚悟も必要です。**「社会人ならどうするか」という視点**を持ち、服装や行動を見直しましょう。

「私服で」「平服で」と言われたら

「私服でご参加ください」と企業側から指定があった場合は、基本的には私服で企業に出向きましょう。**企業側はあなたの個性を見たい**のです。

ただし、「個性」といっても、オフィスカジュアルやビジネスカジュアルと呼ばれる服装が無難です。

一般的なオフィスカジュアル

〔**男性の場合**〕
・ノーネクタイ
・白や薄いブルーなどの襟付きシャツ
・黒や紺のジャケットやカーディガン
・茶系や黒、紺のパンツ
〔**女性の場合**〕
・白や薄いピンクなどの襟付きシャツやブラウス
・黒や紺のジャケットやカーディガン
・黒や紺のパンツやスカート

服装を考えすぎて困ってしまう人は、スーツでもよいでしょう。ただし、「スーツではなく、私服でお越しください」と明記されている場合はNGです。

ちなみに「私服で来てください」と指定されるのは、アパレル業界の企業に多いようです。その場合は、2つの選択肢があると思います。

　ひとつは、自分の好きな私服で行くこと。もうひとつはその企業で展開しているブランドの服を着ていくこと。たいていの場合は、後者のほうが無難な選択です。

　ただし、これは選択肢として2通りあるというだけで、どちらが正しいとは言えません。

スーツ選びは、サイズ感が重要

　就活用のスーツを購入するときには、店員さんに必ず**「就活用スーツを探しています」と用途を伝え**、相談をしながら試着をしましょう。

　就活用のスーツは、いずれもシンプルなデザインです。だからこそ、サイズ感（自分の体型にフィットしているかどうか）が目立ってしまうので、試着でチェックが必要です。

　特に男性のスーツは、肩のフィット感が重要です。たとえば同じ背の高さでも、体育会系の運動部に属する学生と一般の学生では、胸の厚みや肩まわりのサイズがまったく異なります。それぞれの体型に合ったものを選んでもらいましょう。

スマートフォンがあっても、腕時計は必要

　普段はスマートフォンで時刻を確認する人も多いでしょうが、スマートフォンが使えない筆記試験やグループディスカッションの最中に、時刻を知りたい場面があります。

　また、少し上の世代は、「腕時計は仕事の必須アイテム」と

考えている社会人も少なくありませんから、腕時計は準備しておいたほうがいいです。

　文字盤の色は白かベージュで、金属ベルトか黒革ベルトのシンプルなものがよいでしょう。デジタル文字盤の時計はカジュアルな印象になるので、アナログ表示の時計を選びましょう。

ヘアスタイルを後回しにしてはいけない

　就活にふさわしいヘアスタイルかどうかの判断基準は、男女とも**「顔の表情がよく見えること」**です。身だしなみについては、ついつい後回しにしてしまいがちですが、**ヘアスタイルは、人の印象を大きく左右する要素であり、とても重要**です。

　最近は、理髪店や美容院も心得ていますから、特に男性の場合は「就活にふさわしい髪型にしてください」と言えば、なりたいイメージが伝わり、スッキリとした好感度の高いスタイルにしてもらえるはずです。
　また、男女に共通して、「清潔感がない」「寝癖がついている」というのは２大NGポイントです。スーツの襟や肩のあたりにはフケが落ちていることのないようにしてください。
　就活は長期戦です。ヘアスタイルがふさわしい状態であるかどうか、時々チェックしましょう。

就活にふさわしいヘアスタイル 男性の場合

基本は黒髪、短髪です。額を出すと知的な印象になるので、ワックスを使ってスタイリングしましょう。もみあげは、耳の穴のあたりまでの長さにします。

もともと髪が短い人は、スタイリングをしていない右の写真（△印）もさわやかに見えます。しかし、ビジネスシーンでより望ましいのは、左の写真（○印）です。
額を出すか出さないか、ほんの少しの違いですが、さらに明るく知的な印象になりますね。

さわやか！

就活にふさわしいヘアスタイル 女性の場合

基本は、黒髪です。長さは短くても長くてもよいですが、
ミディアムやロングの場合には、ハーフアップかひとつ
に結びましょう。お辞儀をしたときに、髪の毛が顔にか
からないようにしてください。
前髪は左右どちらかに流すのが適当です。額を全部出した
り、パッツン前髪よりも、やさしく上品な印象になります。

左の写真（〇印）は前髪がキレイにサイドに流れ、キリッ
と知的な印象です。右の写真（✕印）は、サイドの髪の毛
がお辞儀をしたときに邪魔になりそうです。またブラウ
スの襟が不自然に上がっているのも気になります。

就活にふさわしいスーツスタイル 男性の場合

ジャケット、ズボン

スーツの色は、黒、または濃い紺色です。フィット感が非常に重要なので、試着は必ず行ってください。就活中は2着持っていると便利です。

ワイシャツ

ワイシャツの色は、白の無地が基本です。アイロンがけがいらないタイプであっても、襟にはアイロンをかけましょう。

靴

黒い革靴です。靴の汚れは、面接官から見て意外と目立つので、こまめに磨くようにしましょう。

カバン

カバンは床に置いたときに自立するものがよいです。また、A4サイズのファイルが入る大きさを選びましょう。

ネクタイ

派手すぎない色がよいです。コーポレートカラーがあるなら、それに合わせてもよいでしょう（たとえば、三菱UFJ銀行なら赤、みずほフィナンシャルグループなら青。コーポレートカラーが派手な場合は無理に合わせなくてもいいです）。柄は、レジメンタルや小紋、ドット柄が好印象です。

Point
肩のフィット感が大切！
店員さんに確認してもらおう

Point
袖口から1センチくらいシャツが見えているのが理想

Point
ジャケットの一番下のボタンは留めない

Point
ネクタイの柄は、レジメンタル（写真）や小紋、ドット柄がおすすめ

Point
ズボンの前面にくぼみができるのが理想。革靴は、最低でも週に1回は磨く！

就活にふさわしいスーツスタイル 女性の場合

ジャケット
スーツの色は、黒、または濃い紺色です。ジャケットのボタンは、すべて留めます。

スカート、パンツ
スカートの長さは、立ったときに膝が隠れるのが目安です。3回くらいの着用で横ジワができるので、アイロンをかけます。広告業界やIT業界など、パンツスタイルでも問題ない業界はあります。ただし、強いこだわりがなければ、スカートのほうが印象が良い場合が多いようです。

シャツ
シャツの第1ボタンは留めます。スキッパーシャツ（開襟シャツ）は保守的な業界（金融業界など）では避けたほうが無難です。襟には必ずアイロンをかけましょう。

靴
黒のパンプスで、ヒールの高さは3〜5センチです。ピンヒールや太すぎるヒールは避けます。ストラップ靴は足が短く見えるのでおすすめしませんが、履きたい場合は、つま先がややとがり気味のものを選ぶとよいでしょう。

カバン
床に置いたときに自立し、肩にもかけられるものがおすすめです。Ａ４サイズのファイルが入る大きさを選びましょう。

Point

▲

スキッパーシャツよりも、
第1ボタンが留まるシャツ
のほうが無難

Point

シャツの袖は、ジャケット
から見えないようにする

Point

ストッキングは、自分の肌
に合う色を選ぶ。わからな
ければ、お店の人に相談を

Point

バッグは置いたときに自立す
るタイプ！

Point

ヒールは高すぎず低すぎない
ものを選ぶ（3〜5センチ）

2 面接官の印象アップ！見た目を良くする7つのポイント

ちょっとの差で、印象は劇的に変わる！

　面接については、これまで話す内容や心構えについて、詳しく見てきましたが、実は、「見た目」も非常に重要です。

　しかも、ほんのちょっと努力するだけで、面接官に与える印象を劇的に良くすることができますから、実践してみましょう。

「立ち姿」のポイント

Point 1

頭の上から引っ張られる感じで立ち、肩の力を抜く

Point 2

手を組むときは、お腹の下あたりで（あまり上のほうで組まない）

「座り姿」のポイント 男性の場合①

○

Point 3

イスには、深く腰かけすぎない（前から3分の2の深さの位置まで）で、猫背にならないようにする

×

イスに深く腰かけると、偉そうな印象

×

前のめりになりすぎで、足も開きすぎ

「座り姿」のポイント 男性の場合②

Point 4

手は軽くグーに握って太ももの上に置く。足の開きは膝が正面を向く程度

足をイスの内側に巻き込んでいると、やる気がなさそうに見える

足が開きすぎで、ビジネスの場にふさわしくない

「座り姿」のポイント 女性の場合

Point 6

手は太ももの上でやわらかく重ねる。両膝をつけて、足はそろえる

Point 5

イスには、深く腰かけすぎない（前から３分の２の深さの位置まで）で、姿勢良く！

X脚は幼い印象になる

横から見ても背筋が伸びてキレイ

深く腰かけすぎ。足をイスの内側に入れない！

「お辞儀」のポイント

顔だけ前を向いているのは不自然な印象

Point 7

お辞儀は次のタイミングを守ることで、美しく見える
①お辞儀をする前に、相手の目を見る
②2秒かけて頭を下げ、1秒停止。3秒かけて顔を上げる
　（集団面接のときは、それぞれマイナス1秒を目安に）
③顔を上げたら、もう一度、相手の目を見る

背筋を伸ばしたまま、
30度〜45度曲げる

首だけ曲げているのは
不自然な印象

会社訪問
OB・OG 訪問時のマナー

時間厳守で、「最寄り駅に 30 分前到着」をめざす

会社訪問の際は、**会社の最寄り駅に 30 分前に到着すること**を心がけましょう。30分前到着をめざしていれば、多少の電車の遅延があっても、約束の時間には到着できます。

訪問先の会社の最寄り駅に30分前に着いたら、会社の場所を確かめ、近くのカフェなどで時間調整をしましょう。服装を整えたり、提出した書類をチェックする時間にあてます。

ビジネスでは、**約束の時間よりも早すぎる訪問はマナー違反**です。5分前に会社の受付に着くのが目安です。

また、基本的なこととして、建物に入る前にコートなどは脱ぎます。コートは中表になるようにたたみ（外側が内側になる）、脱いだコートは手にかけて持ちます。

遅刻やトラブル時の連絡は、迅速に

地方在住の学生は、東京での電車移動は想像以上に時間がかかると思ってください。特に通勤時間帯は、電車内が混雑しすぎて、乗車できないこともよくあります。

万が一、**遅刻しそうなときには、採用担当者にすぐに連絡をします。**電話がベストですが、難しい場合はメールでもよいので、時間通りに到着できない可能性が生じた時点で送ります。

以前、ある就活生は最終面接に2時間遅刻してしまいましたが、遅刻しそうだと気がついた時点ですぐに先方に連絡をし、面接時にも丁寧に謝罪したところ、対応が評価され、大手航空会社の内定が出た例もあります。遅刻してしまったからといって気を落とさず、挽回できるように、誠実な対応を心がけましょう。

感謝の意を前面に出す

OB・OG訪問において、就活生のみなさんは、飲食代も含め、**100%与えられる立場にある**ということを理解しておきましょう。極端に言えばOB・OGの時間もお金も奪っています。たとえ、ランチタイムのような休憩時間であっても、会社員にとっては大切な業務時間の一部です。時間を割いてくれたOB・OGに対して、就活生は、せめてもの感謝の意を、気遣いとして形に表すべきです。

また、OB・OGはあなたを候補者の一人として観察しています。中には、就活生と会ったときの振る舞いや印象を採用担当に報告することになっている企業もあります。

OB・OG訪問は、選考の一部と心得よう

OB・OG訪問では、就活生側が質問をし、それに答えてもらう形式が多いですが、ときにはOB・OG側から質問を投げかけられることもあります。

たとえば、「ほかにどんな業界受けてるの？」「自己PRはど

んな内容を話しているの？」などです。

　質問されそうな内容は、ある程度、予想できますから、答え
を準備しておきましょう。

OB・OG からの質問の例

- 自己 PR
- 学生時代に力を入れて取り組んだこと
- 力を入れて取り組んだ学業
- 志望動機

相手が喜ぶ「気遣い」ができる人になろう

　気遣いのできる人には、一朝一夕ではなれません。
「今日から思いやりのある人になります」と宣言したからとい
って、なれるものではありません。

　消費者やクライアントに心地よく利用されるサービスや製品
は、相手を思いやる気持ちから生まれます。「思いやり」は、
企業がさまざまな施策を行っていくうえでの土台ともいえるも
の。個人レベルでは、普段から実践して身につけていくしかあ
りません。

　学生のみなさんも、目の前にいる相手がどうしたら心地よく
感じるかを考えながら、接してみてください。

　OB・OG に会うときにも、ぜひ、感謝の気持ちを気遣いで
示してみましょう。

　気遣いは、相手への気持ちを行動に落とし込んだもの。そう
した気遣いは、いずれ、仕事の現場での対応力や行動力にもつ
ながっていくものです。

OB・OG訪問での気遣いが感じられる行動の例

- OB・OGへの質問を10個くらい準備しておく
- 待ち合わせ場所には10分前には到着する
- 店に入って混んでいたら、席を探す
- 席についたら、水を持ってくる
- 店員がなかなかオーダーを取りにこないときは、声をかけて呼ぶ
- 水がなくなりそうだったら持ってくるか、店員におかわりをお願いする
- 質問中はメモをとる（PCでメモをとるのはNG）
- 代金を支払う姿勢を見せる（財布をカバンから出す。払ってもらって当たり前という態度はとらない）
- OB・OG訪問の後は、なるべく早くお礼のメールを送る（遅くてもその日のうちに）

OB・OG訪問のお礼メールは、なるべく早く送ります。時間が空いてしまうと、送るのが面倒になったり、送り忘れたり、会ったときに感じた気持ちが薄れてしまいます。お礼メールの簡単なフォーマットを作っておいて、それを部分的に書き換えて使うのもいいでしょう（次ページのメール例参照）。くれぐれも相手の会社名や名前は絶対に間違えないようにしましょう。

就活アドバイス

☐ 見だしなみ＆態度はポイントを押さえて好印象に
☐ 気遣いが感じられる行動を意識的に実践する

OB・OG 訪問のお礼のメール例

件名　本日の御礼（○○大学 就活太郎）

株式会社□□□□□
△△△△様

お世話になっております。
○○大学の就活太郎です。

本日は、貴重なお時間をいただき、ありがとうございました。
△△さんのお話を伺い、実際の仕事の様子ややりがいなどを
体感的に理解することができました。
また、△△さんにご指摘いただいた点について、今後、改善
していこうと思います。

> OB・OG訪問での学びを
> 具体的に記載しましょう

また、新たに疑問などがありましたら、ご指導いただけますと
幸いに存じます。

引き続きよろしくお願いいたします。

○○大学
□□学部××学科
就活 太郎
電話：090-XXXX-XXXX
メールアドレス：shukatsu.taro0401@XXX.com

就活で必要な 電話のマナー

「メールでなく電話」には、理由がある！

　仕事においては、「実際に会うこと」と「電話」が信頼関係の構築のために必要不可欠です。

　採用の選考過程においても、企業が電話で連絡してくることがあります。

「電話は慣れていないからメールのほうが助かる」と思うかもしれませんが、あえて電話で連絡してくるのには、理由があります。緊急の用事だったり、メールでは伝わりにくい話があるから、あえて電話をかけてくるのです。

　たとえば、「今日、面接が可能かどうか？」という電話が人事担当者からかかってくることがあります。面接の日程調整の電話なら、電話に出た就活生から順に枠を取ることができます。電話を取り損ねてしまうと、すでに希望の日の面接が埋まっていることもあるでしょう。

電話対応のポイントはスピードと元気のよさ

　電話で良い評価を受けるのは、**企業が電話をかけたらすぐにつながり、つながらなかった場合も折り返しが早い学生**です。「明日かければいいや」はNGです。

　折り返して担当者が不在の場合は、電話に出た人に「△△大学の○○です。明日、またご連絡させていただきます」と言って伝言をお願いしましょう。留守電になっている場合にも、必

ず大学名と名前を名乗り、メッセージを残すようにします。

電話はつながりやすさも大事ですが、電話応対をするときの態度も非常に重要です。場合によっては、電話の受け答えが良くないことを理由に、選考対象から外れることもあります。

電話応対で評価されるのは、**元気がよく、はきはきした態度**です。疲れていても眠くても、企業からの電話には、元気に「はい！○○です！」と出ましょう。

たとえば、面接の打診の電話であれば、間髪入れずに「はい、伺います！」と前のめりの応対が好印象です。ちょっと迷いがあったとしても、黙りこんでしまったり、声が小さくなるのはよくありません。

そうは言っても、電話で社会人と話をするのは緊張しますね。顔の見えない相手に対して、**瞬間的に正しい敬語を言えるには、何よりも慣れが必要**です。

よく使う電話応対のフレーズを練習しておきましょう。

【電話対応が難しいときに、電話がかかってきた場合】

学生	「はい！○○大学の××です！」
採用担当	「お世話になります。△△株式会社、採用担当の●●です。○○さん、今お電話よろしいでしょうか」
学生	「大変申し訳ありません。今、電話の対応が難しいので 15 分後に私から折り返させていただいてもよろしいでしょうか」

> 今、電話で話をするのが難しい場合は、何分後に折り返すかを伝えましょう

採用担当　「はい、承知しました。それではお電話をお待ちしております」

学生　　　「はい、失礼いたします！」

> 電話を切るときの挨拶
> 「失礼いたします！」も元気よく！

【面接の日程調整で電話がかかってきた場合】

学生　　　「はい！〇〇大学の××です！」

採用担当　「お世話になります。△△株式会社採用担当の●●です。〇〇さん、今お電話よろしいでしょうか」

学生　　　「はい、お願いいたします」

採用担当　「昨日は、面接にお越しくださいまして、ありがとうございました。〇〇さんには、次の面接に進んでいただければと思います。明日、面接にお越しくださることはできますでしょうか」

学生　　　「大変申し訳ありません。明日はどうしても外せない予定がありまして、別の日程で受けさせていただくことはできますでしょうか」

> 予定の中身については、詳しく説明する必要はありません

採用担当　「承知しました。それでは、〇月〇日や〇月×日などは、いかがでしょうか」

学生	「○月○日ですと、終日空いております。何時頃お伺いすればよろしいでしょうか」
採用担当	「それでは、15時でお願いいたします」
学生	「承知いたしました。○月○日×曜日15時に伺わせていただきます」

> 日にち、時間、番号は重要なので、復唱して確認します！

採用担当	「それでは後ほど詳細についてメールいたしますので、ご確認ください」
学生	「はい、承知いたしました。よろしくお願いいたします。失礼いたします！」

> 「了解しました」を目上の人に使うのはNG。
> 正しくは、「承知いたしました」です

【留守電にメッセージを残す場合】

学生	「○○大学の××です！△△株式会社、採用担当の●●様にご伝言を申し上げます。1時間ほど前に、お電話いただきましたので、折り返しをいたしました。また、明日お電話させていただきます。失礼いたします」

5 就活で必要な メールのマナー

メールは「その日のうちに返信」を死守！

　ビジネスにおいては、メールもスピードと正確さが命です。

　就活中、忙しいのはわかりますが、**メールは届いたその日のうちに返信**しましょう。

「夜遅くにメールをするのは失礼ではないか……」と考えて、翌日に持ち越したり、メールの本文中に「夜分、失礼します」と書く学生がいますが、そうした配慮は不要です。

　メールに限らず、その日にやるべきタスクは、その日のうちにすべて終えましょう。さらに、すべて前倒しして「プラスアルファ」でタスクを完了するよう心がけられるといいですね。この「プラスアルファ」の姿勢がライバルとの差になります。

　実際、戦略を立てスケジュールを決めていても、スケジュール通りにいかないことが多いのが就活です。すべてのことを前倒しで行うことを習慣化しておくと、いつでも余裕を持って目の前のことに取り組めます。

就活用のメールアドレスは必ず作る

　就活を本格的にはじめる前に、**企業とやりとりをするメールアドレスをひとつ決めましょう。**これまでパソコンで使うアドレスを作ったことがないという人は、就活を機に新しく作ってください。就活中に使うメールは、ビジネスメールという位置

づけで使用しましょう。

　Gmail、Yahoo! メール、大学から支給されているメールアドレスなどがよいでしょう。「〜 @携帯会社名.ne.jp」などの携帯電話会社のメールは、ビジネス上のやりとりをするときには不適当です。

就活に適したメールアドレス

> @（アットマーク）の前は、氏名やイニシャル、生年月日など、わかりやすい組み合わせにしましょう。love_happy_days@、legend_maruchan@ など、遊びの要素が入った文字列は避けましょう。
>
> 就活太郎さんの例　taro. shukatsu@ ドメイン .ac.jp
> 　　　　　　　　　shukatsutaro1029@ ドメイン .com

就活でやりとりするメールの文面例

　ビジネスメールの本文は、宛先・挨拶・内容・締め・署名の構成です。相手のメールに返信する場合の「件名」は、返信機能を使い「Re：（企業からきたメールのタイトル）」にします。

　メールで重要なのは、**「1通につき、用件1件のみ」**と**「件名と本文の内容を一致させること」が重要**です。1通のメールに複数の用件を書いてしまうと、わかりにくいだけでなく、大切な用件を読み飛ばされたり、読んでもらえない可能性もあります。

件名　Re:採用面接の日時について

株式会社○○
人事部採用担当　△△△△様

宛先
「会社名・部署名・名前」を書くのが丁寧。部署名や名前などがわからない場合は「採用ご担当者様」

お世話になっております。
○○大学の就活太郎です。

挨拶
この形が基本。初めて連絡する人には、「はじめまして。○○大学の○○○○と申します。」と書く

面接日程のご連絡をいただきまして、誠にありがとうございます。
ご指示いただいた日程ですと、下記の日時にてお伺いできますが、いかがでしょうか。
6月4日(水) 14:00〜15:00

内容
このメールで最も重要な箇所

お忙しい中、日程の調整ありがとうございます。
よろしくお願い申し上げます。

締め
簡単な挨拶で終わる

○○大学
□□学部××学科
就活 太郎
電話：090-XXXX-XXXX
メールアドレス：shukatsu854@XXX.com

署名
メーラーで設定する

慣れないうちは、社会人経験のある人に確認してもらいましょう！

面接日変更依頼のメール例

件名　面接の日程変更のお願い

株式会社○○
採用担当　△△△△様

お世話になっております。
○○大学の就活太郎です。

> 用件（このメールで最も伝えたいこと）を最初に書く

面接日程の変更をお願いしたく、ご連絡申し上げます。

> 面接予定日時を記載する（採用担当者への気遣い）

×月×日(×) 11:00 に面接を受けさせていただく予定でしたが、大学の予定が入ってしまい、お伺いすることが難しい状況です。申し訳ございませんが、面接日程を変更させていただくことは可能でしょうか。

> 理由はシンプルでOK。「ゼミの発表会が3時からあり……」など詳細な理由を長々と書くとわかりづらい

お忙しいところ大変恐縮ですが、ご検討いただけますと幸いです。
よろしくお願い申し上げます。

○○大学
□□学部××学科
就活 太郎
電話：090-XXXX-XXXX
メールアドレス：shukatsu854@XXX.com

---

6 複数の内定先から 1社を選ぶ

複数内定をもらったときはどうすればよいか

キャリアアカデミーの受講生の中には、複数の内定を得る学生がいます。喜ばしいことですが、どの企業を選べばよいかという相談を受けることも多々あります。

複数内定をもらったら、次の流れで就職先を決めていくことをおすすめします。

複数の内定をもらったときの企業の選択方法

①各企業に就職した場合のメリット・デメリットを書き出す
②各企業の実情について Web サイトで調べる、人事に問い合わせる
③周りの人に聞いてみる

①各企業に就職した場合のメリット・デメリットを書き出す

まずは、**それぞれの企業に就職したときのメリットとデメリット**を書き出して、表にしてみます。書き出すことによって、自分の優先順位が明確になり、具体的な判断材料になります。

〈メリット・デメリットを考えるときの切り口の例〉
・自分のしたいこと

- ・自分の得意分野
- ・仕事のやりがい
- ・昇進
- ・転勤の可能性や地域
- ・業界における成長度や優位性
- ・給料
- ・福利厚生

メリットとデメリットを書き出した表の例

	メリット	デメリット
○○工業	・給与が最も高い （平均年収800万円）	・勤務地が遠い
××産業	・社風が合いそう （○○さん、□□さん） ・社長が尊敬できる	・休みが取りづらい？ （座談会の話から）
□□物産	・扱っているものに興味あり	・転勤が多い？ （女性は転勤がないという噂も）

② Webサイトで調べる、人事に問い合わせる

　メリット・デメリットを書き出していくと、はっきりしない点が出てきます。

　たとえば、「座談会のときに、社員の方が休みの取りやすさについてはっきりと言ってなかったけれど、実際はどうなのかな」といった内容です。

　疑問について、まずはWebサイトで調べてみましょう。**企業のクチコミサイト**（「OpenWork」、「エン ライトハウス」など）には社員の声が載っていて、参考になります。

　あるいは、**企業の人事担当者に直接聞く方法**もあります。採用面接のときには、福利厚生についてあれこれ聞くことを控え

ていたかもしれませんが、内定を得てからは、福利厚生についての質問をしても問題ありません。その企業で働くことをリアルに想定したら、福利厚生の疑問が出てくるのも当然です。人事担当者が直接疑問に答えてくれる場合もありますし、質問内容に見合った社員を紹介してくれる場合もあります。

【人事に問い合わせをするときの例】

人事 「はい、○○株式会社の○○です」

学生 「お世話になっております。先日、内々定をいただきました△△大学の○○です。採用担当の□□さんはいらっしゃいますでしょうか」

人事 「□□ですね。少々お待ち下さい」

〜保留音〜

担当 「はい、お待たせしました。□□です」

学生 「△△大学の○○です。ご相談があり、お電話いたしました。御社と○○社から内定をいただいており、どちらに就職するか迷っています。そのため、それぞれの企業のことをもっと具体的に知りたいと考えています。可能であれば、御社の社員の方とお話しできる機会を設けていただければと考えておりますが、いかがでしょうか」

担当 「迷っているんですね。それでは……」

　優秀な人材の獲得は、どの企業にとっても大きな課題です。自社の社員と学生が意気投合し、入社の意思を固めてもらえるのであれば、企業にとっても喜ばしいことです。就活生のリクエストに前向きに対応してくれるでしょう。

③周りの人に聞いてみる

それぞれの企業のメリットとデメリットをリスト化し、社員からも話を聞き、判断材料がある程度そろったところで、いったんどの企業を選ぶかを自分で決めましょう。

その次には、**身近にいる社会人に意見を聞いてみる**とよいでしょう。大学の先輩や年上の親戚などでもよいです。

企業で働いているなら、親御さんでもよいですが、近しい身内の場合、「子どもに苦労をさせたくない」という気持ちが優先した意見になりがちです。それを念頭に置いて、意見を聞きましょう。

最終的に、どの企業に就職するのかを決めるのは自分です。

就活生の中には、親御さんの意見にしたがって就職する企業を決める人もいます。もちろんそれが悪いとは一概にいえませんが、あまりおすすめはしません。

誰かの意見にしたがって就職先を決めるのは、一時的には楽ですが、就職した後に何らかの壁にぶつかったとき、「あのとき、自分で決めていなかったから……」「親の意見にしたがったせいで……」と悶々として、後悔するかもしれません。できることならば、この選択は自分自身で決断することをおすすめします。

就活アドバイス

☐ 複数の内定先がある場合は、3つのステップで考える
☐ どの企業に行くか、最終的に自分で決断する

内定を辞退する

内定を辞退するときの具体的な方法

　入社する会社を決めたら、ほかの会社に内定辞退の連絡をしなくてはいけません。その際は、事実をそのまま述べます。

　「御社と別の会社から内定をいただき、別の会社に就職することを決めました。内定を辞退させていただければと思います」

　企業には採用計画があり、その年の採用人数に応じた内定者を出しています。10人予定しているのに1人減ってしまうのは困ります。採用担当者自身の人事考課にも影響する可能性があり、担当者としては、なんとか避けたい事態です。

　そこで、内定辞退を引き止めようとしてくることも多いです。「一度、お越しいただいてお話ししませんか」「若手の社員と食事しながらでも、もう少しお話ししましょう」などと、何とか接触する機会を得て、説得しようと試みることもあるでしょう。あるいは、「どこの会社に就職するのか」と聞いてきたり、「面接のときに、うちを第1志望と言ったではないか。なぜだ」と聞いてくる場合もあります。就活生のみなさんは、ちょっと怖いような、申し訳ないような気持ちになるかもしれません。

　しかし、内定を辞退した会社からの依頼に応じたり、答えたくない質問に答える必要はありません。

　「会いたい」と言われたら、「辞退の意思は固いので、お会い

してもお時間を無駄にしてしまうと思います。たいへん申し訳ありませんが、お電話のみでお伝えさせていただきます」などと、キッパリと丁寧に意思を伝えましょう。

「第1志望と言ったのに……」という問いかけに対しては、「御社を受けた後、複数社のお話を聞き、検討した結果、他社に就職することに決めました」と事実をそのまま述べましょう。

また、企業が「他社とはどこか」と聞いてくるのは、多くの場合、次年度の採用活動の参考にしようという意図があります。答えたくないときには、「どの企業に行くかは、控えさせていただきます」といえば、失礼になりません。

内定辞退は、企業にとっては想定内

「面接で御社が第1志望」と伝えたのに、辞退するなんて申し訳ない……と罪悪感を覚える人もいるでしょう。

しかし、**企業にとって、内定辞退者が出てくるのは想定内**です。「申し訳ない」と思うのは仕方ないですが、自己嫌悪に陥る必要はありません。

あなたが働く場所として選んだ会社は、これから1日の大半を過ごし、人生においても大きな存在を占める場所です。**その場所を選んだ自分に自信を持ち、これから働く会社に希望を持って向き合ってください。**何より大切なのは、これからのあなたの人生です。

就活アドバイス

- □ 内定辞退の連絡は、事実を正直に伝える
- □ 内定辞退の意思が固いなら、電話だけで済ませてよい

8 ネットの情報だけに 頼らない

ネット上の「特殊な事例」を信じすぎない

ネットで目立つ就活情報の多くは、就活生の体験談です。「100％面接に通る方法！」などというタイトルでさまざまな事例が書かれていると、ついつい読みたくなってしまいます。中には、大胆な行動をしたからこそ成功したという話も目にします。

しかし、よく考えてみてください。内定を獲得した人は、ネット上に情報を出している人たちばかりではありません。現実は、**普通に努力して、普通に内定を獲得した人のほうが多い**はずです。「一芸が評価された」「奇抜な服装が功を奏した」などの話は、失敗スレスレの特殊な行動だから目立っているだけです。

ネットニュースは閲覧数（PV）を稼ぐために大げさなものになりがちです。くれぐれも就活の「特殊な例」を参考にしすぎないでください。

「いつ○○があった」という情報は参考程度に

「昨日３次面接があった」
「グループディスカッションではこんなテーマが提示された」
「筆記が何回あって、問題の傾向は……だった」

ネット上には、このような情報があふれています。

一見、事実に基づいているようなので、参考になりそうな気

がしてきます。

しかし、就活のスケジュールは、企業ごとにまちまちです。そして、酷なことですが、同じ企業でも、**出身大学などによって選考スケジュールや選考方法が異なる場合**もあります。

不確定な情報に振り回されてしまっては、時間の無駄です。みなさんの選考がどんな順番で行われようと、面接で何を聞かれようと、落ち着いて、自分の力を発揮できるように日頃からの準備を怠らないようにすることが大切です。

目先の対策に走り回るより、土台固めが大切

こうした姿勢は大学受験と同じです。

日々の授業をしっかり聞き、志望大学の過去問題集（赤本）をやっておけば、土台は整います。土台が整っていないのに予想問題などを手当たり次第集め、対策に走り回っても混乱するだけです。ヤマを張って試験にのぞむのは、努力を怠った人がすることです。

面接でどんなことを聞かれるかを気にして慌てるのは得策ではありません。**目先の対策に走るのではなく、どんな質問が来ても答えられるように自己分析などの基本的な準備を怠らないこと**が大切です。

就活アドバイス

☐ ネットの情報に振り回されてはいけない

☐ 一発逆転よりも、基本的な準備をしたほうが内定は近づく

9 ネットを使うときのマナー②
信頼できる
情報の見分け方

発信者の実績と、情報の長期的信頼度に注目

　ネットに限らず、就活について有益で信頼できる情報とはどんなものでしょうか。

　判断基準となるのは、1つめに発信者の実績です。**採用のプロ（企業の採用経験者）が発信している情報は信頼性が高い**といえるでしょう。ただし、採用の方法は企業や時代によっても異なります。あくまでひとつの意見として受け止めましょう。

　2つめの判断基準は、**普遍性のある情報かどうか**です。書籍でも、長期にわたって読まれている良作があります。優れた書籍は時代や世代を超えて受け入れられ、時間をおいて読めば、その時々に新たな気づきや学びがあるものです。

　就活に関しても、時代を超えて定番化している情報があります。信頼できる情報には、就活時のみの対策だけでなく、入社してからも社会人として踏まえておくべき教訓が含まれています。そうした情報を、就活を機に、自分の中に根付かせるのもよいでしょう。

　なお、就活解禁日など、経団連からの最新情報は最低限知っておいたほうがよいでしょう。Yahoo!ニュースアプリで「日本経済団体連合会（経団連）」をフォローし、最新情報をチェックできるようにしておきましょう。

10

ネットを使うときのマナー③

企業は
SNSを見ている

就活生のFacebook、Twitterをチェック

　企業の採用担当者は、**自社に応募してきた学生のSNS（ソーシャル・ネットワーキング・サービス）を見ている**と考えましょう。

　キャリアアカデミーに在籍している元採用担当の講師たちも、「就活生のSNSをチェックしていた」と言っています。採用担当者にとって、新卒採用を成功させることは、業務のうちでも重要なミッションです。入社後に問題を起こす可能性のある学生は困りますから、真剣にチェックしているのです。

　就活生のみなさんは、少しでもSNSで不適切な言動が見つかれば、即、選考から外されることを覚悟してください。

　どんな人たちと付き合いがあるか、就活をどんなふうに進めているのか。普段から自分の行動を投稿している人は要注意。適切な使い方ができている自信がない人は、鍵をかける（非公開にする）のが無難です。

就活前に、SNSの使い方を見直そう

①公開範囲を限定する

　FacebookなどのSNSの公開範囲をオープンにしてきた人は、**友達のみに範囲を限定する**などの対策を行いましょう。

　就活において、「SNSは企業にアピールをする場として使える」と考えている人がいます。しかし、本当に有効なアピール

になっているかどうかを学生の視点で判断するのは難しいです。リスクを冒してまで公開するよりは、慎重に最低限の公開範囲にとどめるほうが無難です。

②プロフィール情報を見直す

　Facebookなどには、自分の基本情報を載せる欄があります。登録した当初は、何も考えずに趣味や居住地を記載していたのではないでしょうか。

　プロフィール情報は、「たまに会う親戚のおじさんやバイト先の上司に見せても問題ないか」といった自分なりの判断基準を設け、**「常識の範囲」の情報**を記載するにとどめましょう。

③匿名の書き込みも要注意

「面接終了！」や「OGとお茶した」などと、ホッとしたタイミングでツイッターやインスタグラムに投稿してしまう人はいませんか。匿名だからといって、油断は禁物です。**ツイートするタイミングによっては、容易に「あなた」と特定**できてしまいます。「本命じゃないけど○○社で内定もらった」などのつぶやきも要注意。基本的には、就活に関する投稿は「しない」と決めたほうが安全でしょう。

④アカウント名・プロフィール画像を見直す

　アカウント名から個人を特定できてしまう場合があります。企業に応募した際のメールアドレスの＠マークの前部分がSNSのアカウント名になっている人は少なくありません。

　また、いくつかの**SNSのプロフィール画像を同じにしているために、個人が特定できてしまう**ことも多々あります。すべ

てのSNSについて見直しましょう。

内定後は「社員」になったと心得よう

就活生といえども、**内定を獲得したら、その企業の看板を背負った**と心得てください。一人の社員の不適切な行為によって、その企業全体に厳しい目が向けられ、製品の売上不振や業績低下につながることもあります。内定獲得者は、世間から見れば「社員」同然です。「○○社の内定者△△さん」と報道されれば、自分だけでなく、その企業に大きな損失を与えることを肝に銘じてください。

火の用心。だから「火の元」は作らない

SNSでは、**情報発信した「思わぬこと」が火の元となって炎上します。**自分では意図していなくても、ネット上には悪意のある人もいることを覚えておきましょう。

たとえ公開範囲を限定していても、友人の友人や知人の誰かがわざと流出させるような可能性もゼロとは言えません。次のような情報は載せないのが賢明です。

火の元になりがちな内容

- ・サークル飲み会でのはっちゃけた集合写真
- ・ハロウィンのコスプレ写真
- ・違法ではないが過激なコメント
- ・水着などの露出度の高い写真
- ・ネガティブなコメント（「大学つらい」など）

企業や社員とのつながりは距離感が大切

OB・OG訪問や、リクルーター面談の対応をしてくれた社員から友達申請が来てFacebook上で友達になることがあります。

そうした「企業とのつながり」は、学生にとっては期待値が上がるものですが、内定獲得とは切り離して考えましょう。

採用活動中の社員にとって、学生とのつながりを作ることは業務のひとつです。学生を通して、他社の動向を探ろうとしている可能性もあります。

就活生のみなさんも、**距離感を持って付き合う**ことをおすすめします。

企業の中には、就活生向け交流サイトを作っている企業もあります。ただし、そこに参加したからといって、選考に有利に働くとは限りません。

あくまで採用スケジュールやOG・OB訪問のアポ取りなど、実用的な部分での活用にとどめることをおすすめします。

就活アドバイス

☐ 就活前に SNS の設定を見直そう
☐ 匿名の投稿も個人を特定できることを肝に銘じよう

第 10 章

よくある
就活のQ&A

キャリアアカデミー受講生から過去によく寄せられた疑問を
いくつか紹介しますので、ぜひ参考にしてください。

就活のギモン

新型コロナウイルスの影響を受けて就活はどう変わりますか？

Answer

変化のポイントは「求人倍率」「応募可能企業」「オンライン選考」の3つです

ポイント1　求人倍率の変化

　新型コロナウイルス感染症の影響を受け、2021年卒の大学生・大学院生の求人倍率は1.53倍となりました（2020年6月時点※1）。空前の売り手市場といわれた2020年卒が1.83倍でしたから、0.3ポイントの減少です。参考までに、リーマンショックと東日本大震災の影響を受けて「就職氷河期」と呼ばれた2012年卒の求人倍率は1.23倍でした。現状では、そこまでの求人の落ち込みはありません。

　しかし、2021年卒はパンデミック前に作成した採用計画に基づいて採用を行った企業が多数あることを考慮に入れると、コロナの影響が本格的に出てくるのは、2022年卒以降である可能性も十分あります。

ポイント2　応募できる企業の変化

　2021年卒の就活では、例年、就活生の人気を集めていた「航空」「旅行」「ホテル」業界の採用中止が相次ぎました。これらの業界が、2022年卒以降、採用活動を再開するかどうかはまだ不透明です。しかし、これらの業界に属していても、企業によっては採用を行うところも出てくると予想されますので、就

活ナビサイトは定期的にチェックしておきましょう。

ポイント3　オンライン選考の対策が必須に

2021年卒の就活でオンライン選考を行った企業は56.8%でした。従業員5,000人以上のいわゆる大手企業に限っては88.2%が実施しています（※2）。

オンライン選考は、地方や遠方に住む就活生に向けてもアプローチできるなど、企業側にもメリットがありました。そのため2022年卒以降も多くの企業が採用すると予想されます。就活生のみなさんは、しっかりとオンライン選考の対策をし、就活にのぞみましょう。

コロナの影響で、これから数年は先が読めない状況が続くこととなり、不安に感じることも多いと思いますが、就活でやるべきことは変わりません。自己分析、ES作成、面接練習、SPIの勉強など、この本に書いてある「就活のキホン」をしっかり準備してください。

キャリアアカデミーでは、これまで多くの就活生の内定獲得をサポートしてきました。世の中が厳しい状況であっても、早期にしっかり準備を行った就活生は、納得できる内定を獲得しています。一方、「売り手市場」と言われた時期でも、準備を怠った就活生は就活に苦労していました。

世の中には、就活生のみなさんの不安をあおるような情報があふれています。しかし、それらに惑わされず、自分がやれることを、タイミング逃さず確実に実行していくことが重要です。

※1・2：リクルートワークス研究所「第37回ワークス大卒求人倍率調査（2021年卒）」より

資格はあったほうがよいですか？

Answer

> ないよりは、あったほうがよいですが、なくても問題ありません

資格と就活、コスパを考えよう

資格は、「ないよりは、あったほうがよい」という程度に思ってください。学生のみなさんが想像しているよりは、評価の対象にはなりません。

就活中は、やるべきことが山積みです。限られた時間の中で、それぞれの精度を上げるために、効率的に進めていく必要があります。就活で優先順位が高いのは、ES作成、面接の練習などの就活そのものです。それらをこなしたうえで、どの程度の時間を資格取得のために割けるか、考えてみてください。

たとえば、簿記1級をめざして勉強時間を増やした結果、「就活まで手が回りません……」となったら本末転倒です。もし、どうしても取得したい資格があるなら、比較的時間のあるうちに、勉強から取得まで済ませてしまいましょう。

人事が認める「価値ある資格」とは？

人事の評価の対象となる資格もあります。

「価値ある資格」と太鼓判を押せるのは、税理士、公認会計士、司法書士、社会保険労務士など、「取得する＝開業できる」国家資格です。

ＩＴ分野なら、国家資格であるＩＴパスポートは就職前に取得すれば、武器になるでしょう。

　海外に関わる仕事に就きたい人にとってアピールになるのはTOEICやTOEFLで高得点を取ることです。

　一方、残念ながらアピールする資格としてあまり役に立たないのは、秘書検定や英検準２級です。これらは少しがんばれば取れてしまうからです。

スキルや資格は、ストーリーが大切

「銀行の一般職をめざしているので、知識として必要だろうと考え、証券外務員と簿記１級をめざして勉強中です」といったストーリーは説得力があります。

　資格について大切なのは、目的に即したものであることです。

　さきほど、秘書検定は役に立たないと言いましたが、「将来、社員教育に携わる業務をやってみたいので、ビジネスマナーも徹底的に学んでおきたいと思い、秘書検定の勉強をしました」という理由であれば、秘書検定合格も評価の対象です。

　学生時代の肩書きも同様です。文化祭実行委員やサークルの会計係という「肩書き」だけを伝えても意味はありません。「肩書き」や「資格」を通して、どんな経験をし、どのように成長したかといったストーリーが大切です。

就活のギモン
「就職留年」は不利ですか？

Answer

必ずしも、不利とは言えません

理由によって「不利になる・ならない」が決まる

　有利か不利かの二択なら、就職留年は「不利」です。しかし、就職留年の理由が真面目で説得力があるものであり、実際に1年間をその考えの通りに過ごしていたのなら、大きく不利になることはありません。

就職留年が不利にならない理由の例

「どうしても勉強したいテーマがあり、留学をして、海外の大学で学んだ」
「全国レベルまで勝ち進んだので、引退まで部活に没頭していた」

就職留年が不利になる理由の例

「1年前は気分が乗らず、明らかにサボって準備不足だった」
「人気企業ばかり受けてすべて落ちてしまった」

　留年が不利に働く可能性があるのは、就職留年が「安易さ」や「考えの甘さ」など、不真面目さによる準備不足だった場合です。

留年した場合は、密度の高い1年を過ごすべし！

　もし、あなたが「就職留年が不利になる理由」で留年をすることになった場合でも、挽回できます。

　就職留年を決断したら、それからの1年間は、志望業界に直結したアルバイトで経験を積んだり、再度、徹底的に自己分析やES作成を行うなど、内定獲得に向けた活動に費やしてください。

　できるだけアルバイトや社会活動に出て、なるべく異世代・異年齢の人たちと関わりましょう。

　キャリアアカデミーでも、例年、留年をした受講生の指導をしていますが、きっちりと準備をした受講生は、納得の内定を得ています。

　2回目の就活では、本書に記載してある内容を徹底的に読み込んで、1回目の就活で不十分だったところを洗い出し、努力を重ねてください。

Q 4 就活がうまくいかないので、留学（または大学院）に行くのはどうですか？

Answer

覚悟と目的があれば良いでしょう
ただし、本気でないなら時間の無駄です

「なんとなく」なら、時間の無駄になる

　就活が進んでくると、「就活がうまくいかないので、海外へ語学留学をして、自分を見つめ直したい」という学生が出てきます。周囲に内定が出はじめて、焦りを感じて言い出す学生もいます。

　みなさんの中にも、「なるほど、一度冷静になって時間を持ち、見聞を広めたり、語学力のアップに取り組むのもよいかもしれない」と思う人がいるかもしれません。

　しかし、その留学は、時間の無駄である場合が多いです。
　本気で語学力をアップしようという覚悟でなければ、留学は観光旅行と紙一重です。お金と時間に余裕があり、そもそも働かなくても食べていける環境に生きているのならそれもいいでしょう。
　しかしほとんどの人は、大学生という身分が終わったら社会人として働かなくてはいけません。今年の就活がうまくいきそうもないなら、今から来年に向け、真剣に準備をしなければな

りません。

相当の覚悟＆明確な目的があるなら OK

　海外留学が、あなたの夢を叶えるための最善策であれば、行ってもよいと思います。その代わり、目的を明確にしてから、留学先の選定をしましょう。

　たとえば、語学留学するのであれば、「TOEFL iBTで100点越え」「TOEICで900点以上」といった、企業が求める数値かそれ以上を明確な目標として掲げ、勉強に取り組んでください。

　また、語学以外では、海外の大学でしか学べない専門性の高い分野を深めるための留学は意味があります。

　たとえ卒業に至らずとも、学ぶことに没頭した1年間は糧になります。「食事の時間も惜しみ徹底的に学んだ1年間」は自信につながります。次の就活で、価値の高い自己アピールにつながるはずです。

Q 5 文系の大学院生は、就活で不利になると聞きましたが、本当ですか？

Answer

はい、理系の院生に比べれば、不利です

文系の大学院生は、就活に関してはメリット少なめ

就活において、理系の大学院で学ぶ専門性の高い内容は、メーカーの研究職などで採用されるチャンスが見込めます。

また、理系の大学院では、論理的な思考力が鍛えられます。論理的思考力は企業に入ってからの仕事の進め方と親和性が高いので重宝されます。

一方、文系の大学院は、理数系に比べて学びの分野が多岐にわたり、大学院で研究した内容と企業のニーズが合致しない可能性が高いです。

論理的な思考力やプレゼン能力を活用しよう

もちろん文系の大学院への進学がまったく無意味というわけではありません。論文執筆にあたり、常に問題意識をもって課題に向き合うことによって、論理的な思考力やプレゼン能力は身につくでしょう。就活でも、こうした能力をアピールすることは可能です。

就活のギモン

Q 6 OB・OG訪問をしたいのですが どうやってOB・OGを 見つけたらいいですか？

Answer

4つの方法があります

1. 大学のキャリアセンターの紹介

大学のキャリアセンターや就職課に相談して、連絡先を調べて卒業生に連絡を取る方法があります。

ただし、大学によっては、その会社のOB・OGが少なく、同じ業界を志望する学生からの依頼が集中してしまい、なかなかアポイントを取れない場合もあるようです。

2. サークル、ゼミ、部活の先輩の紹介

サークル、ゼミ、部活に所属しているのであれば、卒業した先輩たちに直接連絡をとってみましょう。先輩の友人の友人など、先輩経由で紹介してもらえる可能性もあります。

3. 親戚、アルバイト先、社会活動のつながり

「OB・OG」というと、自分の大学の卒業生を思い浮かべがちですが、その業界の現場で働く人であれば誰でもよいです。いとこ、アルバイト先の先輩、社会人スポーツチームの先輩など、これまで仕事について話題にしていなかった相手とも、仕事の話をしてみましょう。案外、知人が志望業界で働いているというケースもあります。

もしも、まだあなたが1、2年生ならば、余裕のある今のうちに、大学以外の社会人と一緒に活動する機会を持つことをおすすめします。

　人脈を広げるだけでなく、たくさんの大人の中で揉まれ、社会での経験値を上げられます。

4.Web上のマッチングサービスを利用する

　Web上でOB・OGを探すサービスがあります。「ビズリーチ・キャンパス」「Matcher（マッチャー）」などが有名で、キャリアアカデミーの受講生でも使っている人がいました。

　会員登録をすると、OB・OGの一覧を見ることができ、希望するOB・OGに訪問させてもらえるかどうかを問い合わせる仕組みです。ただし、利用する際は、安全に十分注意をしてください。

就活のギモン

OB・OG 訪問では、どんな質問をすればいいですか？

Answer

自分が本当に知りたいこと・生の声を聞きましょう

「自分が本当に知りたいこと」を聞く

「こんなことを聞けば、評価されるかも！」というのではなく、「自分が本当に知りたいこと」を聞きましょう。

OB・OG訪問の目的は、自分が行きたい会社のやりたい仕事について、生の声を聞くことです。就活マニュアルサイトには「内定につながるOB・OG訪問　質問集」のようなものが存在しますが、どこかで見たような質問は、相手の心に響きません。そして、関心が薄い話を発展させるのは自分自身にとっても大変です。

公式ホームページに書かれていることを聞かない

訪問の前には、公式ホームページや『四季報』『業界地図』などの資料で、その企業のことをできる限り調べておきます。「社員は何人？」「直近の売上はいくら？」「新入社員の初任給はいくら？」といった質問の回答は、調べればすぐにわかります。調べればわかるようなことを聞くのは、時間を作ってくれた相手に失礼です。

また、その企業のことを知らなすぎると、「この学生はうちの会社を志望していないのかな」と思われ、評価も下がってし

まいます。

　準備した質問が適切かどうかは社会人にチェックしてもらうと安心です。会社勤めの家族がいれば、失礼な質問がないかどうか、目を通してもらいましょう。

「仕事の実際（リアル）」について質問する

　その会社への関心が高く、自分が携わってみたい事業領域があるならば、おのずと仕事の具体的な内容について詳しく知りたいと思うはずです。

　たとえば、出版社志望で出版社の編集者と会うのなら、「その人が担当した本はどんなものか」、「将来的にはどんなジャンルの本を手がけたいか」といったことに興味が向くでしょう。

　また、働き方や求められる能力などについて聞くのも、その仕事を具体的に知る助けとなる良質な質問です。

「あなたの会社で働きたいです！」という率直な思いが伝わると、OB・OG側も喜んで答えてくれます。

質問の例

「この仕事をするうえで、最も大切なスキルや能力はなんでしょうか」
「御社で活躍をしている社員はどんな方ですか」
「1日のスケジュールを教えてください」
「入社前と後でギャップはありましたか」
「働いていて、うれしいとき、つらいときはどんなときですか」
「入社してから現在まで、どんな部署を経験しましたか」

Answer

スマートフォンでの撮影はおすすめしません

第一印象は「写真」で決まる

　履歴書に貼る写真は、写真スタジオで撮影するのがベストです。スマートフォンの自撮りや、駅などにあるスピード写真はおすすめしません。

　新卒採用の就活において、企業が最初に受け取る「見た目の情報」は履歴書の写真です。写真の映りが選考に大きな影響を与えるのは言うまでもありません。

　おすすめは、百貨店の写真スタジオです。たとえば首都圏であれば、伊勢丹新宿店は、クオリティの高い証明写真が撮れると、就活生に人気です。そうした写真スタジオでは、撮影だけではなく、就活にふさわしいメイクやヘアメイクの助言もしてくれます。撮影した写真は若干の修正も行い、データをくれるところもあります。

　撮影した写真は、身近な人にチェックしてもらいましょう。修正を行いすぎて「本人とは全然違う」と言われた場合は、撮り直しを検討してください。

　就活でかかる費用は、志望企業からの内定を得るために必要な投資です。就職後に回収すればよいと割り切り、人生で最高のショットを武器に、就活という勝負にのぞみましょう。

私は中国からの留学生です。日本での就活で気をつけることはありますか？

Answer

協調性もアピールすると、評価アップの可能性大です

ES では協調性や思いやりをアピールする

キャリアアカデミーには、毎年、一定数の中国人留学生が入塾します。日本ならではの就活に不安を感じ、個別の指導を受けられる就活塾を探して、キャリアアカデミーにやってくるようです。

これまで指導してきた実績を振り返ってみると、中国人留学生ならではの気をつけるポイントがあります。

日本の企業が考える「優秀さ」と中国の企業が考える「優秀さ」は、とらえ方が異なるといわれています。むしろ、正反対と言ってもいいくらいです。

中国企業では、学業成績が優秀で、高度な資格を持つ人が、企業が欲しい「優秀」な人材です。

一方、日本企業では、中国ほど資格や成績を重視しません。協調性があり、精神面、体力面においてタフであり、目上の人の指示をよく守ることが好まれます。

中国人留学生は、ESで、協調性や思いやりを自分の切り口にして「仲間と力を合わせて何かを成し遂げた経験」を書き込

むとよいでしょう。

「優秀、かつ協調性があり、国際感覚もある」中国人留学生は、魅力的な人材と映るはずです。

「みんなで勝とう」という姿勢を持つ

グループディスカッションも同様です。

キャリアアカデミーのグループディスカッションの練習では、中国人留学生が論理的に主張し、議論ではほぼ一人勝ちしている場面をよく見かけます。このようなとき、ほかのメンバーはついていけず、しらけたムードが漂っています。

グループディスカッションでの成功は、議論で一人勝ちすることではありません。

中国人留学生は、「能ある鷹は爪を隠す」の精神で、論理的な能力を全力で主張するよりも、まわりの様子を見ながら周囲と協力できる姿勢をアピールするとよいでしょう。

「グループ全体で勝つ」意識を持ち、自分なりの考えは、議論の流れを見て「ここぞ」というポイントで伝えましょう。

優秀で積極性があることは、採用担当者はわかっています。論理的思考力や積極性に加えて、「人の意見を聞ける」とか「チーム全体のことを考えられる」というアピールポイントもプラスしてみましょう。

Q10 就活のギモン
リクルーター面談で気をつけることはありますか？

Answer

「選考であること」を忘れてはいけません

あくまでも選考。カジュアルな雰囲気に油断しない

リクルーター面談は、現役社員とカフェなどで1時間程度の面談をするものです。

銀行、ゼネコン、保険業界などを中心に、多くの企業で行われています。

カジュアルな雰囲気で行われることが多いようですが、その実態は「面接」です。リクルーター面談で良い評価を受けた学生は、次のリクルーター面談がセッティングされ、悪い評価がついた学生には声がかかりません。油断は禁物です。準備を万全にして、心してのぞみましょう。

リクルーター面談で気をつけること

・服装はスーツ
・カジュアルな雰囲気で行い、学生の本音を聞こうとするが実態は面接
・聞かれそうな内容は準備しておく（185ページの「面接での基本的な質問事項」を参考にする）

Q 11 インターンや本選考では、企業をいくつ受ければよいのでしょうか？

Answer

インターン　→　できるだけ多く参加を
本選考　　　→　目標は、エントリーシート提出30社

結婚相手を探す気持ちでインターンに挑もう

「インターンは、何社くらい参加すればよいでしょうか？」という質問を就活生からよく受けます。

このようなときには、いつも「できるだけ多く参加できるとよいです」とお答えしています。

たとえば、結婚願望のある人に「納得できる結婚をするために何人と付き合えばよいですか？」と聞かれたら、明確な人数を提示するのは難しいと感じるのではないでしょうか。最初に付き合った人ととても気が合って、そのまま結婚する場合もあれば、10人と付き合っても「これだ！」という人と出会えない可能性もあります。

ただ確実に言えるのは、多くの人と付き合えば、それだけ自分と合う人と出会える可能性は高まるということです。

それは、インターンも同様です。インターンに1社のみ参加するよりも10社参加したほうが、「自分にとっての優良企業」に出会える可能性は大きくなります。ですから、できるだけ多

くのインターンに応募することをおすすめします。

　ただし、数多くのインターンに参加しても、自分が何も学ばなければ意味がありません。

　結婚相手を探すとき、過去の経験から「時間にルーズな人と自分は合わない」とわかっているのに、また同じような人と付き合ってしまっては進歩がないのと一緒です。

　第4章で紹介した「インターン振り返りシート」(118ページ参照)を活用してインターンで得た経験を整理し、納得の内定獲得につなげましょう。

参加できなくても、選考を受けることに意味がある

　「インターン選考の倍率は、本選考よりも高い」といわれることもあるように、本選考通過レベルのエントリーシート(ES)を提出したとしても、企業の受入れ人数の関係でインターン選考に落ちてしまうことがあります。

　しかし、インターン選考に落ちてしまっても自信をなくさないでください。参加が叶わなかったとしても、選考を経験できたこと自体が、その後の就活のプラス材料になります。

内定から逆算すれば、受けるべき企業数がわかる

　本選考では、ESを30社に提出することを目標としましょう。「ES30社」と聞くと、「そんなに提出できるのかな……」と不安になる方も多いと思います。

　しかし、最終的に複数の内定を獲得して就活を終了したいと考えるなら、「ES30社」というのは決して多すぎる数ではありません。

下の図を見てください。仮に、それぞれの段階の通過率を60％とします。

　すると、30社にESを提出したとしても、内定を獲得できるのは２社となります。

　わかりやすくするために、ここでは通過率を60％としましたが、しっかり準備していれば、ESや面接の通過率を60％以上にすることは、決して難しいことではありません。

　キャリアアカデミーの先輩の中には、ES通過率がほぼ100％という人も毎年います。ESの作成は大変な作業ですが、確実に内定を獲得するために踏ん張ってください。

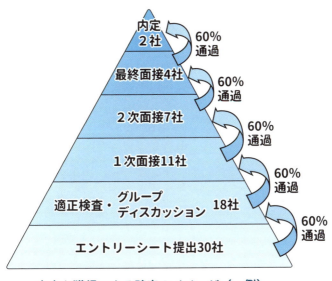

内定を獲得できる確率のイメージ（一例）

持ち駒は常に10社以上をキープ

ESを30社提出しても、選考が進むにつれ、持ち駒（選考中の企業）は減っていきます。

途中で持ち駒が10社を切った場合は、その時点で新たな企業にエントリーして、持ち駒を10社以上キープするようにしてください。持ち駒が十分にあれば、ある企業の最終面接で落ちてしまったとしても、「来週、別の企業の最終面接がある」という状態をつくり続けることができます。

避けるべきは、持ち駒がゼロになった時点で、また初めからエントリーできる企業を探しはじめることです。

エントリーできる企業は、就活シーズン（3〜6月頃）を過ぎると徐々に減っていきます。持ち駒が少なくなってきたから追加で企業にエントリーしよう……と思ったときには、自分が行きたいと思える企業のエントリーがすべて締め切られているということもあり得ます。

早めに準備をはじめることが何よりも大切です。

特別企画

内定者インタビュー
＆採用担当者座談会

特別企画として、志望企業の内定を獲得した内定者のインタビューと、企業の採用担当者の座談会を収録しました。先輩たちの就活体験談、企業の採用担当者の視点など、参考にしてみてください。

就活って実際どうなの？
内定者インタビュー

就活塾 キャリアアカデミー（以下、キャリアカ）の卒業生で、志望企業の内定を獲得された3名の方に、ご自身の就活、これから就活をはじめるみなさんへのアドバイスを聞きました。

> Mさん　早稲田大学 大手 IT 企業 他1社内定
>
> T君　　日本大学 大手通信会社 他2社内定
>
> K君　　慶應義塾大学 大手海運会社 他1社内定（納得の内定が得られず、就職留年をして、2回就活している）

Q. リクナビ、マイナビ、キャリアカ以外の就活サービスで、おすすめはありますか?

Mさん：「ビズリーチ・キャンパス」という OB・OG を探すアプリを利用しました。大学のキャリアセンターは、OB・OG の名簿を公開していなかったので、OB・OG を探すのに使い、実際に3人の OG と会いました。

T君　：「オファーボックス」です。プロフィールを登録すると、企業から「会いませんか?」と連絡がくる仕組みのサービスです。オファーをもらうと、自分を必要としてくれる会社があると実感できて、就活中の心の支えになりました。

K君　：特にありません。ES の添削、面接の練習、グループディスカッションの練習はキャリアカで実施しました。OB・OG 訪問は部活の先輩にお願いしました。僕は剣道部に所属していて、部に OB・OG 名簿があり、さまざまな業界にい

るOB・OGを訪問できました。

Q．エントリーシート（ES）を提出したのは、何社ですか？

Mさん：12社です。本命の内定が早く出たので少ないほうだと思います。

T君　：50社ほど提出しました。かなりがんばりました。

K君　：1回目の就活では約20社です。2回目の就活では約50社です。ESのテンプレート（学生時代に力を入れたことは何か、自己PR）をしっかりと作って、活用できたのがよかったです。

Q．就活中、気分転換の方法は何でしたか？

Mさん：企業説明会で行った場所で、美味しいランチを食べることです。

T君　：ぼくも一緒です。食べログで3.5以上の店ばかり行きました。あとは彼女と遊ぶことかな。

K君　：剣道部の練習と、YouTubeでお笑いの動画を見てリフレッシュしていました。

Q．就活中で一番つらかったこと、失敗談はありますか？

Mさん：朝、起きられなくて、連絡せずに企業の説明会を欠席してしまったことです。その企業の選考を受けなければ問題ないのですが、やはり罪悪感がありました。

T君　：第1志望の面接で、緊張しすぎて鼻血を出したことです。その面接は通過しましたが、2次面接で落とされました。2次面接では「鼻血の子だよね?」と言われました。

K君　：大学4年生の5月の連休明けに内定が出ていなかったこと

がキツかったです。選考が早い外資系やIT系などを受け
ておけばよかったと思いました。

Q．インターンは、何社参加しましたか？

Mさん：8社です。三越伊勢丹の2daysインターンが一番おもし
　　　　ろかったです。実際にチームで企画を立てるものでした。

T君　：2社です。1社目に受けたインターンが厳しめの内容で、
　　　　就活をくじけそうになりました。

K君　：2社です。

Q．就活中に、志望業界の変化はありましたか？

Mさん：3年生の夏くらいまではIT業界を考えていましたが、自己
　　　　分析を進めるうちに、金融業界の一般職のほうが向いて
　　　　いると考え、金融業界を見ていました。ただ、「一人暮ら
　　　　しの人は一般職に採用されにくい」というのをキャリアカの
　　　　先生から教えてもらい、最終的にはIT業界に絞りました。

T君　：3年生の夏くらいまでは、教育、広告、IT、通信業界に
　　　　興味がありました。キャリアカで「T君は穏やかな性格だ
　　　　から、メーカーやインフラ系が向いてると思うよ」とアドバ
　　　　イスをもらってからは、メーカーとインフラ系も見るように
　　　　なりました。

K君　：1回目の就活では、部活の先輩にすすめられるままに金融
　　　　業界を見ていました。でも、自分には合っていないと思い、
　　　　2回目の就活ではメーカー系を中心に見ていました。

Q．大学1年生に戻れたらやっておきたいことはありますか？

Mさん：チームでひとつのことをする経験をしておけばよかったで

す。就活中に「チームでの経験」が問われることが多く、困りました。

T君　：何に対しても120%の姿勢で取り組むことです。実家が自営業で、経理の手伝いをしているのですが、手伝いレベルじゃなくて、自分ひとりでも仕事ができるくらい、もっとのめり込んでやっておけば学びがあったのかなと思います。

K君　：今できることをきちんとやることです。たとえば、サークルやアルバイト、授業などです。就活では、特別な経験が求められているのではなくて、日々、きちんと取り組めるかどうかが問われているんだと思いました。

Q．自分なりの就活戦略はありましたか？

Mさん：面接でなるべく本音で話すことです。私は面接が苦手だったので、話すことを一言一句覚えてのぞんでいました。でも、「完璧に話せた！」と思えた面接ばかり落ちてしまったので、それがよくなかったのかなぁと思います。なるべく自分を素直に出したほうが面接は通りやすかったような気がします。

T君　：文章を書くのが苦手で、面接が得意でした。ESは半年くらいかけてキャリアカの先生と取り組みました。周りの友人を見てみると、3日くらいでESを仕上げている人がほとんどでした。

K君　：僕は、面接が苦手でした。自分がアピールしたいことをA4用紙4枚くらいにまとめて、どんな質問がきても、この紙にまとめた内容を話すようにしました。

Q．就職留年のことは、面接で聞かれましたか？

K君 　：僕の場合は一度も聞かれませんでした。ですから、就職
　　　　留年で不利になったと感じたことはありません。不利にな
　　　　らないように2回目の就活は非常にがんばったということも
　　　　ありますが。

Q．後輩へのメッセージをお願いします

Mさん：就活は意外とお金がかかります。大学1、2年生のうちに
　　　　貯金をしておくのがいいと思います。30万円くらいあると
　　　　安心ではないでしょうか。

T君 　：就活サービスのログイン時のパスワードを一覧にしておけ
　　　　ばよかったです。あと、スーツを安物で済ませてしまいまし
　　　　たが、社会人になってからも着られるようなものにすれば
　　　　よかったと思いました。

K君 　：就活はキツイと思いますが、がんばってください！

採用担当者本音トーク 新卒就活の舞台裏

就活は不安と期待でいっぱいの未知の世界へのチャレンジ。しかも、合否が点数で可視化されるわけではなく、理由も選考過程もブラックボックス状態です。そこで、採用業務の経験者のみなさんに採用活動のリアルについて本音トークをしていただきました。就活生、必読です!

証券	:証券会社で採用担当を経験したS氏
IT	:IT企業で採用担当を経験したY氏
食品	:食品メーカーで採用担当を経験したT氏

清潔感、明るさが好まれる証券業界
高い学習能力と思考力重視のIT業界

司会：採用したくなる学生の傾向について、業界によって違いはありますか?

証券：私は証券会社で採用を担当していましたが、清潔感、明るさ、さわやかさが好まれます。富裕層の高齢者に「かわいがられる」雰囲気を持っている学生は採用されやすいです。

IT：そこでいうと、IT系はまったく逆です。自分で考えて粘り強く取り組め、未知のことに対する学習意欲が高い人が採用されやすい。ちょっとくらいしどろもどろでも、そうした資質を持っている人が有利です。

食品：面接の段階によっても見るところが違います。私の会社で

は、1次面接で表情が豊かな学生を2次面接に通していました。よく「言葉を顔で語れる人」と言っています。

司会：2次面接、最終面接だとどうでしょうか。

食品：2次面接では論理性を見ます。最終面接では、社長や役員が立ち会い、印象と論理性の両方を見ていました。

司会：ちょっと意外だったのが証券で、「計算ができる」とか「論理的」ではなく、「かわいがられる」というキーワードが出てきたことです。BtoCとBtoBの違いでしょうか。

証券：BtoCとBtoBの違いというよりも、業界内で商品の違いが大きいか否かではないでしょうか。証券の場合は、競合他社間で商品に差がほとんどありません。そのため、商品を扱う人の雰囲気や印象重視、つまり人柄重視になるんですよね。

※ BtoBは「Business to Business」の略。企業を相手として事業を行う会社のこと。BtoCは「Business to Consumer」の略で、一般消費者を相手として事業を行う会社のこと。

「当社にいそう」なしっくり系人材と
チャレンジ枠の風雲児

食品：雰囲気という意味では、ジレンマもあります。「ウチの会社にしっくり合いそうだな」という人と、革命を起こしてくれそうな風雲児的な人と、企業にとってはどちらも必要なんです。ただ、風雲児が、もともと在籍している社員と合わない場合が往々にしてあります。

証券：私が採用担当だったときは、しっくり系と風雲児の割合を4：1くらいにしました。

食品：採用担当と現場の連携がないと、風雲児を入れた場合、あとで痛い目を見ませんか。現場で「なんだ、あの新人」

ということになって、結果的にその子がすぐに退職してしまったり……。

IT　：それを避けようと同質性の高い人材を何年か続けて採っていくと、同じような新人ばかりになります。よくあるのが、風雲児を採用する時期と採用しない時期が3年くらいで入れ替わることです。前年とまったく違う採用方針になります。

志望度が低い学生に対して
採用活動を通して志望度を上げていく中堅企業

証券：私の会社は300人規模の会社でしたが、応募者の志望度は総じて低めです。中堅の会社では、選考しながら学生の志望度を高めていきます。採用活動を通じて会社の良さを見てもらい、就活生が会社を好きになっていくイメージです。

司会：業界でのポジションによって、採用活動のアプローチが違うのですね。

IT　：中堅の場合、本来採りたい学生は、すでに大手に採られています。ですから、応募してきた学生を育てながら、最終的に「いかにここに来たいか」と思わせるのです。ある意味、営業活動と同じですね。

企業の「求める人物像」は
どこまで本当か?

司会：ナビサイトや企業サイトに「求める人物像」が書いてあります。これは、採用戦略として練られたものでしょうか。私の知り合いの採用担当者は、はっきり「実際は違うんだよね」と言っていました。

証券：私が担当していた会社は、経営戦略とリンクさせて「求め

る人材像」を作り上げていました。将来、経営層になった
ときに求められる能力を洗い出したうえで、コンサルと相談
し、「新卒採用で求める人材像」に落とし込んでいました。

IT ：そういう方法だと、入社してからの教育にも紐づいていて、
一貫性が生まれそうですね。

証券：企業が本気の「理想的な人材像」を明らかにしておけば、
自己分析ができている学生は「自分は違う」とか「合って
いる」とわかるはずです。そういうケースが多ければ、採
用は成功しますね。

食品：100人の募集に1万人殺到するなんてこともなくなりますね。
理想は、100人募集して100人採用となることですよね。

IT ：そうなれば、学生と企業の両方に納得感も生まれますね。

食品：ただ、そのためには、事業がシンプルであることが大事です。
何をしているかがわかりやすいほうが、幸せなマッチングに
つながると思います。

証券：ベンチャーの会社では自然にそうなりますね。やっているこ
とに対して、志望度が高い学生が来ます。

IT ：私のいた会社は「求める人物像は経営理念に共感する人」
というぼんやりした書き方をしていました。その会社はIT、
金融、コンサルなどの幅広い事業を展開し、最初は職種を
分けずに募集します。現場で得意分野を見極めてから振り
分けるので、あえて戦略的に広めのアプローチをしていまし
た。

事業や現場の状況に応じて練り直し
生き物のように変化する「人材像」

証券：私の知っている企業は、事業の多角化が進んでいて、「ど

の事業にも共通で言える人材像かどうか」が重要だそうです。ただそうすると、どうしてもあいまいな書き方になり、他社とも似通ってきてしまう。言葉のチョイスは難しいですよね。

食品：活躍する社員にインタビューをしてその人達がどういう能力を持っているのかということと、現場が求める能力を掛け合わせ、「求める人材像」に落とし込む会社もありますよね。それでも、入社後にずれる場合があるので、練り直していく必要が生じます。求める人材像は生き物のようなものですね。

証券：私も「求める人材像」のメンテナンスは何年かに一回は必要だと思います。企業は、時代にあわせて事業が変わっていきます。求める人材像もそれに連動してどんどん変わります。

司会：学生は結構必死に、書かれている「人材像」に自分を寄せていこうとすると思うんです。でも、みなさんの意見を聞いていると、ある種、感覚的であったり、曖昧だったりする気がします。結局のところ、学生は企業に寄せていく必要はなくて自分の特徴を普通に相手に話せばいい。それで採用だったら採用だし、ダメだったら相性が合わなかったということで割り切って次に行こう……そんな考え方がいいんでしょうか。

企業に自分を寄せる必要はない

証券：私は、学生は自分の特徴を素直にぶつけていけばいいと思うんです。あとは人事側が判断します。同時に、学生のほうも、どんな事業をやっているのかをよく理解し、「この会社

はこういう人が欲しいのだろうな」とわかったうえでエントリーしてほしいですね。

IT ：そんなふうに、就職活動から俯瞰的、客観的に物事をとらえてチャレンジしていれば、「私はこの会社だと合う」と、確信を持てる会社に出会えるはずなんです。そういう学生が増えていけばいいなと思います。

証券：「会社に自分を寄せにいく」という考え自体をなくしたいですよね。

食品：企業側も、「寄せにきた」学生を採ったら、結局合わない学生を採ってしまうことになります。それは双方にとって不幸です。

証券：それに人事は「寄せにきた」学生はわかります。もともと持っているものをちょっと企業寄りにするぐらいだったら許容範囲ですが、無理しているのが見てわかる子は、「大丈夫かな」とちょっと心配になります。

司会：結局、自分らしくやらないで落ちるよりは、自分らしくやったほうが悔いが残らないということですね。今日はありがとうございました！

卒論は、論理的思考の訓練に最適！

　卒論は、論理的思考を育むのに最適です。

　なぜなら、卒論は、「仮説を立て、それを証明するためにエビデンス（資料）を収集し、わかりやすく論理的な文章で展開していく」という構成になっているからです。

「文章を書くことが苦手」
「バイトもサークルもあるから、時間を割けない」
「就活のほうが忙しいし、優先順位も高いから」

　こんなふうに、いろいろな理由をつけて、つい卒論を先延ばしにしたくなるかもしれません。

　しかし、卒論に取り組むことは、あなたの就活力アップにもつながります。

「論理的に考え、説得力のあるストーリーを構築する」卒論は面接や自己PRと同じではありませんか？

　卒論と就活は、一見、別のことのように思えるかもしれませんが、相乗効果でスキルアップができます。

　ぜひ、前向きに取り組んでみてください！

卒論をそれだけで終わらせずに、就活につなげる！

塾長メッセージ
〜内定は、日々の行動から得られる！

　この本では、キャリアアカデミーが多くの就活生を指導してきた中で蓄積したノウハウを、余すことなく披露しました。
　読み終えたみなさん、おつかれさまでした。あとは実践あるのみです。迷ったとき、困ったときは、何度でもこの本を読み返してください。

　最後に、キャリアアカデミーの塾長である私から、これから就活に取り組むみなさんに、ひとつアドバイスをさせてください。

　みなさんは、就活に対して、さまざまな疑問をお持ちだと思います。しかし、たいていの場合、それらの疑問は、その「問いの立て方」自体を間違えています。
　たとえば、就活生から「エピソードとして使う際に、『サークルの合宿で責任者になったこと』と『バイトでリーダーになったこと』では、どちらがよいでしょうか？」と質問された場合、私たちは答えようもありません。

　考えてみてください。
　あなたが知り合いの女性に、「初めてのデートで、アイシャドウはブラウン系かピンク系、どっちがいいかな？」と相談されたとしましょう。
　おそらくあなたは「どっちでもいい」と思うのではないでしょうか。

あるいは、「デートのときに、『自分が話をして相手を楽しませる』のと『相手の話を聞く』のと、どっちがいいかな？」と聞かれたとしても、「どっちでもいい」と思うはずです。

　デートで大切なことは、「どちらがしゃべるか」ではありません。自分の思いやる気持ちが相手に伝わり、最終的に相手があなたに「また会いたい」と思ってくれることです。
　そして、相手を思いやる気持ちは、行動に表れます。
　たとえば、あなたが男性で、気になる女性とデートする場合には、
・待ち合わせ場所は、暑くも寒くもない屋内にする
・彼女が好きな食べ物をリサーチして、ランチの場所を決める
・席にスムーズに座れるよう、お店の予約をする
・彼女が疲れていそうだったら、休憩をとる
・彼女が好きそうな話をリサーチして、話題を準備しておく
などです。
　これらの行動は、相手を思いやる気持ちがあれば、自然に生まれてくるものです。

　これは、就活でも同じことが言えます。
　あなたが大切な人を思いやるのと同じように、「企業」と「企業で働く人」を思いやる気持ちが大切です。
　企業（企業で働く人）がどんなことを考え、何を望んでいるか、その希望に対して、みなさんが就活生としてどのように応えていくことができるかを考えればよいのです。

　細かい就活のテクニックも、ある程度は有用です。

しかし、優良企業の内定を獲得するために最も大切なことは、「相手を思いやる気持ちを持つこと」つまり、「他者に貢献しようと思う気持ちを持つこと」にほかなりません。

　他者に貢献できる機会は、日常生活のさまざまな場面にあります。あなたの周りの人たちが、「どうしたら快適に過ごせるか」を考えてみてください。
　たとえば、次のような日々の行動も、他者への思いやりから生まれる行動です。

・提出物は締切ギリギリではなく、余裕をもって提出する
・「3日後に電話します」ではなく、「5月25日（土）の 午後5時に電話します」と伝える
・依頼されたことは、必ず最後までやりきる
・どんなことも全力で取り組む
・メールやLINEに即レスする
・わかりやすく簡潔に話す

　いずれも、相手の作業や負担を減らし、好ましく感じてもらえる行動です。

　こうした行動は、すぐには目に見える成果につながらないかもしれませんが、「他者に貢献しようと思う気持ち」を意識して行動していれば、その心づもりは、企業説明会やエントリーシート、面接などあらゆる就活シーンで相手に伝わります。
　ぜひ、今日から意識して取り組んでみてください。

私も社会人として、いまだ発展途上にあり、まだまだ改善することがたくさんあります。この先も就活生の声に耳を傾け、私自身も気づきをもらいながら、みなさんが理想とする人生により近づけるよう、全力で支援していきたいと思います。

　この本が、就活生のみなさんの勇気と気づき、今日から踏み出すきっかけになれば幸いです。

　さあ、自分が納得する最高の内定を勝ち取りましょう！
　あなたのがんばりに期待しています！

就活塾 キャリアアカデミー
塾長 後藤 沙織

就活塾 キャリアアカデミー

就活生一人ひとりが自分にとっての「納得の内定」を獲得できるようサポートする東京・池袋の就活塾。首都圏を中心に、北海道や沖縄など日本全国、および海外在住の就活生が在籍している。元人事・採用経験者や、国家資格キャリアコンサルタント保有者など約15名の講師を揃え、就活のノウハウを伝えるだけにとどまらず、「社会人として求められる能力や考え方」の向上をめざした指導を行う。内定実績は、日本銀行、3大メガバンク、三井物産などの総合商社、ANA、NHK、講談社、日本IBMなど、日本を代表する大手企業が多数。回数無制限の個別指導、集団トレーニング講義、Webサポートなど、業界一手厚い指導が評判を呼び、NHKや日本経済新聞などメディアへの登場機会も多い。

https://www.c-academy.co.jp

改訂版 「納得の内定」をめざす
就職活動1冊目の教科書 オンライン就活対応

2021年2月5日　初版発行
2022年4月15日　4版発行

著者／就活塾 キャリアアカデミー

発行者／青柳 昌行

発行／株式会社KADOKAWA
〒102-8177　東京都千代田区富士見2-13-3
電話 0570-002-301(ナビダイヤル)

印刷所／図書印刷株式会社